田径运动专项身体素质训练

詹建国　张铁军　著

北京体育大学出版社

策划编辑：佟　晖
责任编辑：佟　晖
责任校对：吴　珂
版式设计：博文宏图

图书在版编目（CIP）数据

田径运动专项身体素质训练 / 詹建国, 张铁军著
. -- 北京 : 北京体育大学出版社, 2020.01 （2025. 8重印）
ISBN 978-7-5644-3293-5

Ⅰ. ①田… Ⅱ. ①詹… ②张… Ⅲ. ①田径运动 – 身体素质 – 运动训练 Ⅳ. ①G820.2

中国版本图书馆CIP数据核字(2020)第000493号

田径运动专项身体素质训练
TIANJING YUNDONG ZHUANXIANG SHENTI SU ZHI XUN LIAN
詹建国　张铁军　著

出版发行：北京体育大学出版社
地　　址：北京海淀区农大南路1号院2号楼2层办公B-212
邮　　编：100084
网　　址：http://cbs.bsu.edu.cn
发 行 部：010-62989320
邮 购 部：北京体育大学出版社读者服务部 010-62989432
印　　刷：北京科信印刷有限公司
开　　本：710mm × 1000mm　　1/16
成品尺寸：170mm × 240mm
印　　张：11.5
字　　数：192千字
版　　次：2020年1月第1版
印　　次：2025年8月第2次印刷
定　　价：60.00元

前　言

田径运动是竞技体育的基础大项，无论是古代奥运会还是1896年开始的现代奥运会，田径运动都是主要的正式比赛项目，参加田径项目比赛的国家、地区最为广泛、人数最多，田径运动场地最大、赛程最长。同时，田径运动被称为“运动之母”，是因其基本的训练理论的许多训练内容、训练方法和手段被其他运动项目所借鉴和运用。

运动训练实践表明，专项身体素质水平是影响和制约专项运动能力发展的核心问题，然而，多年来人们缺乏对田径运动专项身体素质训练的系统性研究。因此，“田径运动专项身体素质训练体系研究”被立为国家体育总局运动训练重点实验室研究项目，本书是此课题的主要研究成果，包括以下内容。

第一，在对田径运动专项身体素质训练相关概念进行界定的基础上，对近年来有关田径运动身体素质训练的研究成果进行了较详细的综述。

第二，深入分析了专项身体素质训练的机理特征和专项身体素质发展的基本原理等田径运动专项身体素质训练基本理论，探讨了田径运动专项身体素质训练的系统构成。分析认为，田径运动专项身体素质训练是一个复杂的综合系统，其结构主要由专项身体素质训练目标、内容、方法手段、周期安排及监控评价等要素组成。

第三，基于田径运动专项身体素质训练系统组成结构，对田径运动专项身体素质训练的目标与不同田径运动项目专项身体素质训练内容进行了阐述与理论分析。

第四，依据专项身体素质训练的机制、原理，对专项身体素质训练的方法、手段进行了分类，并系统归纳总结了不同田径运动项目专项身体素质训练的具体练习手段。

第五，通过对年度训练周期类型的选择、年度训练周期阶段划分、专项身体素质训练内容安排比重及负荷量增减趋势等进行分析，揭示出不同田径运动项目年度训练周期安排的特点。同时，在列出运动训练过程中不同类型监控方法的基础上，重点介绍了田径运动专项身体素质训练的训练学监控方法。

在“田径运动专项身体素质训练体系研究”课题研究过程中得到了袁晓毅博士、张伟博士、陶金晓硕士、位晨晨硕士、李普硕士，以及北京体育大学科技处和田径教研室的大力支持与帮助。

本书可为田径运动专业教练员、运动员的训练提供理论和应用参考，同时可作为体育院校（系）田径运动专项辅助教材使用。

CONTENTS 目录

第一章　引　论 …… 1
第一节　田径运动专项身体素质训练及研究的重要性与迫切性 …… 1
第二节　田径运动专项身体素质训练的相关概念 …… 4
第三节　田径运动各项目专项身体素质训练的研究综述 …… 14

第二章　田径运动专项身体素质训练的理论基础及组成结构 …… 54
第一节　专项身体素质训练的机理特征 …… 54
第二节　专项身体素质发展的基本原理 …… 58
第三节　专项身体素质训练的系统构成 …… 61
第四节　专项身体素质训练的原则 …… 68

第三章　田径运动专项身体素质训练的目标与内容 …… 75
第一节　田径运动专项身体素质训练的目标 …… 75
第二节　田径运动专项身体素质训练的内容 …… 76

第四章　田径运动专项身体素质训练的主要方法、手段 …… 101
第一节　田径运动专项身体素质训练的方法 …… 101
第二节　田径运动专项身体素质训练主要手段 …… 108

第五章　田径运动专项身体素质训练年度周期安排及训练学监控 …… 129
第一节　田径运动专项身体素质训练年度周期安排 …… 129
第二节　田径运动专项身体素质训练学监控 …… 157

参考文献 …… 166

第一章 引 论

第一节 田径运动专项身体素质训练及研究的重要性与迫切性

一、田径运动专项身体素质训练的重要性

随着世界经济的全球化发展，体育赛事职业化、商业化程度的日益提高，竞技体育之间的竞争变得空前“惨烈”，提高运动员的专项竞技能力成为运动训练追求的核心主题。专项竞技能力即专项能力，是运动员在专项运动过程中机体所表现出的一种综合能力，是专项运动成绩的决定性因素。而竞技能力是由身体素质、技术、战术、心理和智能等多种因素构成的，因此，可以认为专项竞技能力是专项身体素质、专项技术、专项战术能力及专项心理智能等诸多因素的有机融合。过去，我们一直把“体能是基础，技能是关键”的训练理念作为训练的指导思想，然而，随着高水平运动员竞技能力的不断提高，技术和战术体系的逐步稳定和完善，在国际赛事的高水平对决中，专项身体素质水平的高低往往成为制胜的关键，这种特点不仅体现在体能主导类项群中，而且在球类、格斗类等技能主导类项群中也表现得尤为突出。“技能是基础，体能是关键”的训练理念已逐步被运动训练学界和广大教练员、运动员所认可和接受。在此理念的引领下，短短数年，体能

训练研究热潮几乎席卷了竞技体育领域的各个角落。

田径运动属于典型的体能主导类项目，其专项竞技能力是由专项体能、专项技能、专项战术能力及专项心理智能等决定的。同时，根据田径项目运动成绩发展规律，高水平运动员专项技能、专项战术能力及专项心理、智能能力提升的空间非常有限，可训练因素相对较小，只有专项体能训练才是提高运动成绩最有效的路径，而体能构成中身体形态和身体机能水平又是随身体素质训练的不断实施而相应变化的，因此，田径运动专项体能训练的实质就是专项身体素质训练。在高水平田径运动员训练中，专项身体素质训练才是田径运动训练的核心内容，也是提高运动成绩的决定性因素。

二、田径运动专项身体素质训练的迫切性

研究表明，多年来，有关田径运动身体素质训练的研究虽然较多，但具有实际意义的专门针对田径运动专项身体素质的系统性研究很少，且存在以下几方面的问题。

第一，在以往的文献中，对短跑项目专项身体素质的研究较多，对其他田径项目有实际意义的研究相对薄弱。对短跑项目的专项力量素质研究较多，而对其他专项素质的研究相对较少，且研究内容缺乏全面性、系统性。

第二，目前，对专项身体素质训练概念的界定较为笼统、模糊，对专项身体素质训练方法与一般身体素质训练方法的方法学原理认识不足，专项身体素质训练与一般身体素质训练没有明确的区分界限，难免会在一般身体素质训练和专项身体素质训练周期安排及训练方法选择上出现问题。如杠铃深蹲、杠铃半蹲、各式跳深、单足跳、蛙跳等练习手段，是属于田径短跨、跳跃项目的一般身体素质训练范畴，还是属于专项身体素质训练范畴等，诸如此类问题认识模糊不清。

第三，人们只关注专项身体素质训练的“外在形式特征”，而忽视专项动作的“内部机理特征”；仅从角度、速度、力量、方向、轨迹等动作的时间—空间结构的外在表征上进行宏观的分析，缺乏对专项的神经支配特点、肌肉能力代谢特点和肌肉工作形式等内部机制特征的微观层面剖析，导致所采用的专项身体素质训练方法和手段越来越接近专项本身，最终片面地认为“以专项练专项”才是提高运动成绩的最佳路径。

第四，对专项身体素质训练原则及训练方法、手段的选择依据等理论鲜有研

究，在专项身体素质训练方法、手段的选择、组织与安排上主观性、随意性较强，多数情况下凭借个人多年训练经验或师徒沿袭的方式设计训练计划。这样难免会使运动训练缺乏科学性、系统性、逻辑性和全面性。

第五，对田径运动各项目专项身体素质训练方法和手段的整体监控评价方法研究不足，对年度周期中不同阶段各专项身体素质训练方法和手段的周期负荷安排研究也不够深入。

正是基于上述问题的存在，迫切需要通过深层次剖析专项身体素质训练的机制原理特征，探讨田径运动专项身体素质训练的基本理论，使我们在训练方法学原理上对专项身体素质训练与一般身体素质训练有更清晰的认识；结合对田径运动各项目技术结构中所需的专项身体素质进行详细解读，从而厘清各田径项目专项身体素质训练的内容要素，并在此基础上归纳总结各专项身体素质训练的方法、手段，为各专项身体素质训练方法、手段的选择提供便利。同时，归纳分析田径运动专项身体素质训练的年度周期安排特点及训练学监控方法，为田径运动训练实践提供参考。

三、田径运动专项身体素质训练研究的内容与途径

针对田径运动专项身体素质训练的重要性和迫切性，我们确定了田径运动专项身体素质训练研究的内容，并通过以下途径进行论述。

第一，通过对专项身体素质训练机理特征分析，厘清专项身体素质训练内部机制特征和外显性运动学、动力学特征，以重新界定专项身体素质训练概念，进而对专项身体素质训练方法、手段进行科学分类。

第二，运用逻辑分析、归纳总结等方法对田径运动专项身体素质训练原则及训练方法、手段的选择依据进行优化整合，为田径运动专项身体素质训练及方法的选择提供理论支撑。

第三，通过对田径运动不同项目的专项身体素质训练核心身体素质分析，构建田径运动各项目专项身体素质训练的核心训练素质内容，为不同田径运动项目的专项身体素质训练方法和手段选择提供理论基础。

第四，通过文献检索、问卷调查及专家访谈等方法，对田径运动各项目专项身体素质训练的主要训练方法、手段进行归纳、梳理，以有利于不同水平、不同特点的运动员在年度训练周期的不同阶段科学合理地选择训练方法和手段。

第五，通过问卷调查、专家访谈及查阅相关教练员训练计划，归纳总结田径不同项目专项身体素质训练的年度周期安排特点，包括周期选择类型、阶段划分特点、不同阶段各专项身体素质训练负荷量与强度的安排规律，为专项身体素质训练的科学组织与实施提供借鉴。

第六，通过对田径运动各专项身体素质训练监控与评价方法的归纳梳理，汇总各专项身体素质监控与评价方法手段一览表，为田径运动各专项身体素质训练监控与评价提供参考。

第二节　田径运动专项身体素质训练的相关概念

一、身体素质及相关概念构成

（一）身体素质

身体素质是体育运动中常见的专业学术名词，身体素质的好坏直接影响着运动成绩的优劣。国内外文献中对身体素质概念的界定略有差异，其中，《体育词典》[①] 对身体素质的释义为："身体素质是指人体活动的一种能力。指人体在运动、劳动与生活中所表现出来的力量、速度、耐力及柔韧性等机能能力。"《身体素质训练法》[②] 认为："身体素质究其实质来说，是指人的体质强弱和运动的机能能力。"《运动生理学》（2010）[③] 指出："身体素质是运动的基础，是运动中表现出的力量、速度、耐力、灵敏、平衡、柔韧和协调等素质的总称。"我国也有专家认为，身体素质在体育运动中可以看成是运动素质。运动素质是指人体为适应体育运动需要所储备的专项身体素质要素，如力量、速度、耐力、灵敏、柔韧及协调等运动素质和能力[④]。美国的"健康、体育、娱乐、舞蹈协会"则把身体素质概括为两个部分，即与健康有关的身体素质（健康素质）和完成运动动作相关的身体

① 体育词典编委委员会．体育词典［M］．上海：上海辞书出版社，1983：40.
② 教材编写组．身体素质训练法［M］．北京：人民体育出版社，1999：1－3.
③ 王瑞元．运动生理学［M］．北京：人民体育出版社，2012：333.
④ 刘爱杰．耐力性竞速项群专项运动素质的整合［D］．北京：北京体育大学，2001：35.

素质（运动素质）。另外，国外的一些著名学者，如马特维耶夫、普拉托诺夫、博姆帕等认为：身体素质是体能的重要组成部分，主要包括力量、速度、耐力、协调、灵敏、柔韧等。

由此可见，其一，身体素质的概念分广义和狭义两种：广义身体素质是指身体的健康水平和运动能力水平两个方面；狭义身体素质是体育运动中的一个专业术语，特指人体在运动时所表现出来的力量、速度、耐力、柔韧、协调、灵敏等机能能力。狭义身体素质与“运动素质”所指意义相同，体育学界也经常用“运动素质”代替“身体素质”。其二，目前，虽然对身体素质的概念没有达成统一，所列举的身体素质构成数目也不尽相同，但对其内涵的认识是一致的，即身体素质是指人体在运动过程中所表现出来的力量、速度、耐力、灵敏、柔韧、协调等素质。

1. 力量素质

人体运动过程中，力量是一切运动的动力源泉，没有力量就不会有运动的产生，所以，各个项目体能训练的研究都把力量训练作为研究的主体内容。在体育运动领域，力量素质是指：“在神经系统的调控下，机体肌肉表现出克服或对抗阻力的能力①。”力量素质根据与运动专项、体重的关系，运动实践的需要，身体不同部位等可分为不同的类别，分类方法见表 1 - 1。其中，最大力量是指肌肉通过最大随意收缩克服阻力时所表现的最大力值。相对力量是指运动员单位体重所具有的最大力量。快速力量是指肌肉快速发挥力量的能力，是力量与速度的有机结合。力量耐力是指肌肉长时间克服阻力的能力。爆发力是快速力量的一种表现形式，是指张力已经开始增加的肌肉以最快的速度克服阻力的能力②。

① 田麦久．运动训练学［M］．北京：人民体育出版社，2000：191.

② 同①：192.

表 1－1　力量素质的分类

分类依据	类别
与运动专项的关系	一般力量、专项力量
与体重的关系	绝对力量、相对力量
与运动实践的需要	最大力量、快速力量、力量耐力
身体部位的不同	上肢力量、下肢力量、躯干力量（含核心区力量）
肌肉收缩形式	向心收缩力量、等长收缩力量、离心收缩力量、等动收缩力量

（依王保成，1994；田麦久，2000 年改制）

2. 速度素质

力量是基础，速度是灵魂，一切田径运动都是以速度的发展为最终目的，速度素质是田径项目获胜的直接决定因素①。《运动训练学》（2000）② 将速度素质定义为：速度素质是指人体快速运动的能力，包括反应速度、动作速度和移动速度。反应速度是指人体对各种信号刺激（声、光、触等）快速应答的能力；动作速度是指人体或人体的一部分快速完成某一个动作的能力；移动速度是指人体在特定方向上位移的速度。

3. 耐力素质

耐力素质是指机体坚持长时间运动的能力，按不同的机体系统可把耐力分为肌肉耐力和心血管耐力，肌肉耐力即力量耐力，心血管耐力分为有氧耐力和无氧耐力③。根据耐力素质对专项的影响，耐力素质又分为一般耐力和专项耐力。一般耐力是指对提高专项运动成绩起间接作用的基础性耐力；专项耐力是指与提高专项运动成绩有直接关系的耐力，尤其是坚持完成专项动作或接近比赛动作的耐力。

4. 柔韧素质

柔韧素质是指人体关节在不同方向上的运动能力及肌肉、韧带等软组织的伸

① 王保成．田径运动理论创新探索［M］．北京：北京体育大学出版社，2003：187.
② 田麦久．运动训练学［M］．北京：人民体育出版社，2000：206－207.
③ 同②：216.

展能力。柔韧素质也可分为一般柔韧素质和专门柔韧素质[①]。一般柔韧素质是指机体中最主要的那些关节运动的幅度；专门柔韧素质是指专项运动所必需的特殊柔韧性，是掌握专项技术必不可少的重要条件。

5. 协调素质

协调素质是重要的身体素质之一，协调素质的优劣对运动成绩的高低起到至关重要的作用。医学百科辞典（托马斯，1993）将协调定义为："不同肌群协同工作产生运动的能力。"同时，学者们从不同视角对协调素质进行了定义，例如："协调素质是指运动员在运动时，机体不同器官系统、不同部位协同配合完成技术动作的能力[②③]""运动协调能力是综合的神经机能能力，主要由反应能力、空间定向能力、本体感知能力、节奏能力、平衡能力、动作认知能力等多种要素构成[④]""随意放松肌肉能力也是协调能力的一种构成要素[⑤]。""协调性是指人体在运动过程中身体各器官、系统在时间和空间上相互配合完成动作的能力。是人体力量、速度、耐力、平衡、灵敏、柔韧等各种素质与运动技能的协同表现等[⑥]。"也有学者从技术与协调关系上对协调性做了深入的解读[⑦]，其观点认为，运动技能的基本构成是协调。协调能力的实质就是运动神经系统对肌肉的支配能力，一般可分为节奏能力、反应能力、定向能力、区别能力、平衡能力等。同时指出，虽然协调能力可以分为一般协调能力和专项协调能力，但专项协调能力与技术能力很难加以区分。此外，还提出了评价协调性的四个标准："精确、快速、应变和经济。"

根据运动中协调与运动专项关系的密切程度，协调能力可分为一般协调能力和专项协调能力[⑧]。一般协调能力指运动员完成各种运动活动时所需要的普适性协调能力；专项协调能力指运动员完成专项运动时所需要的专门性协调能力。专项

---

① 田麦久. 运动训练学［M］. 北京：人民体育出版社，2000：225.

② 同①：164.

③ 王卫星. 高水平运动员体能训练的新方法［M］. 北京：北京体育大学出版社，2013：102.

④ 田麦久. 高水平竞技选手的科学训练与成功参赛［M］. 北京：人民体育出版社，2014：76.

⑤ 弗拉基米尔·尼古拉耶维奇·普拉托诺夫. 奥林匹克运动员训练的理论与方法［M］. 黄签名，等译. 天津：天津大学出版社，2014：353.

⑥ 王瑞元. 运动生理学［M］. 北京：人民体育出版社，2010：358.

⑦ 陈小平. 竞技运动训练实践发展的理论思考［M］. 北京：北京体育大学出版社，2008：121，172.

⑧ 田麦久. 高水平竞技选手的科学训练与成功参赛［M］. 北京：人民体育出版社，2014：77.

协调能力反映着此项目运动员速度、力量、精确、流畅、平衡地完成专项技术和与专项技术密切相关的各种联系动作的能力①。

6. 灵敏素质

灵敏素质也是近年来研究的热点问题，《运动训练学》（2000）② 把灵敏素质定义为："灵敏素质是指在各种突然变换的条件下，运动员能够迅速、准确、协调地改变身体运动的空间位置和运动方向，以适应变化着的外环境能力。"《体能训练》（2012）③ 定义为："灵敏素质是指在各种突然变换的条件下，运动员能够迅速、协调、准确地完成动作的能力。"同时指出，"灵敏素质是建立在力量、速度、耐力、柔韧、协调性、节奏感等多种素质和技能之上，这些素质和技能取决于神经系统的灵活性和可塑性及已建立的动作的储备数量"。Verstegen④ 认为，灵敏素质是一种由身体各机能素质共同决定的综合素质。文中对灵敏素质的表述为："当运动员收到运动刺激信号后，结合机体的协调系统，快速有效地向正确的方向移动，并随时准备着做出快速、平稳、高效地改变移动方向或停止移动的动作。"有学者从运动专项角度分析，将灵敏素质分为一般灵敏素质和专项灵敏素质，认为一般灵敏素质是指在完成各种复杂动作时所表现出来的应变能力，专项灵敏素质是指根据各专项运动所需的，与专项技术有密切关系的，以及适应变化着的外界环境的特有能力。根据运动中灵敏素质的表现和应用，灵敏素质还可分为闭式灵敏和开式灵敏。闭式灵敏和开式灵敏又分别称为程序化灵敏和随机灵敏。闭式灵敏指在预先设计好的计划、可预知及稳定的环境下进行的灵敏性训练；而开式灵敏是指在没有预先设计好的程序或在随机变化的环境下进行的灵敏训练⑤。根据神经系统综合控制特点，灵敏素质可分为反应灵敏和动作灵敏⑥。反应灵敏指在突然变化的外环境条件下快速的反应能力；动作灵敏是指在突然变化的外环境条件下人体或人体某一部位表现的动作速度快慢。动作灵敏是速度、力量、柔韧、协调、平衡等多种素质的综合反应，是一种综合素质。

---

① 王卫星．高水平运动员体能训练的新方法［M］．北京：北京体育大学出版社，2013：103.

② 田麦久．运动训练学［M］．北京：人民体育出版社，2000：230.

③ 杨世勇．体能训练［M］．北京：人民体育出版社，2012：219.

④ Verstegen. *High – Performance Sports Conditioning*. Human. Kinetics，2001：140.

⑤ 同②：101.

⑥ Lee. *Develop Ability*，*Coordination and Balance*. Human. Kinetics，2006：109.

综上所述，国内外对力量、速度、耐力、柔韧素质概念的认识较为一致，而对灵敏素质和协调素质概念的表述不尽相同。尽管如此，整体上人们还是一致认为：灵敏素质和协调素质在一定程度上具有相似性，二者均是融合了力量、速度、耐力、柔韧和平衡等多种身体素质，均为多种素质的有机融合，二者之间有密切联系，但又各具特点。而协调性是灵敏性的基础，在训练中往往把协调性和灵敏性相结合进行训练。

（二）专项身体素质

身体素质主要由力量、速度、耐力、柔韧、灵敏及协调素质构成，显然，专项身体素质主要由专项力量、专项速度、专项耐力、专项柔韧、专项灵敏和专项协调素质构成。

研究表明，国内外在对专项身体素质相关概念的研究中，主要集中在专项力量、专项速度和专项耐力概念的研究上，其中，国外学者对专项力量概念的界定较多，具有代表性的观点包括：霍缅科夫认为，“专项力量是指严格按专项要求发挥出的力量”①。图多·博姆帕指出，“专项力量是指参与完成专项运动的肌群力量”②。史密斯指出，“专项力量是指运动员在比赛情境下在执行与专项运动相关的活动或专项技术过程中所表现出的力量特点”③。在我国，陈小平认为，专项力量是指运动员完成专项运动时神经—肌肉系统表现出的力量④。马明彩等认为，专项力量是指直接参与完成专项技术动作的特定肌群和效率调控机制协同工作所产生的克服阻力的能力⑤。王保成在其研究中提出：“专项力量是指那些在时间—空间特征上严格符合专项比赛要求的力量⑥。”尽管国内外专家对专项力量的概念没有达成统一，但他们对专项力量内涵的认识基本趋于一致，均认为在专项运动中，

---

① 霍缅科夫，等．田径运动员训练的科学教法原理．田径教练员教科书［M］．北京：人民体育出版社，1981：40－42.

② 图多·博姆帕．运动训练理论与方法［M］．马铁，等译．北京：人民体育出版社，1990：228－231.

③ Smith，DJ. *A Framework for Understanding the Training Process Leading to Elite Performance.* Sports Medicine，2003，33（15）：1103－1126.

④ 陈小平．竞技运动训练实践发展的理论思考［M］．北京：北京体育大学出版社，2008：104.

⑤ 马明彩．对我国优秀铁饼运动员专项力量训练方法和手段的研究［J］．北京体育大学学报，2001（1）．

⑥ 王保成．对短跑技术和专项力量感念的再认识［J］．田径，1995（3）：14－17.

运动员肌肉力量的发挥必须表现为专项动作的用力特点。从上述对“专项力量”概念的界定中不难发现，其概念的界定有一个共同的局限，上述的专项力量界定对运动实践训练中专项力量训练内容的表述仍然不明确、不具体，较为抽象、模糊，可操作性仍然较弱。

有关专项速度的研究资料不多。“专项速度”这个专业术语最早由苏联著名专家奥佐林提出，他认为可以把速度分为一般速度和专项速度；而国内最早把速度分为一般速度和专项速度的是田麦久教授，但二者均没有对专项速度进行明确的概念界定。

我国有学者将专项速度定义为：“是运动员完成特定体育项目时的竞技运动速度。包括人体快速完成专项动作的速度和对外界信号刺激快速反应的专项速度，以及快速专项位移的有序状态整合的速度①。”专项速度能力主要取决于专项反应速度、专项动作速度和专项位移速度。

关于专项耐力概念的研究也不是很多，其中有专家认为，专项耐力是指与提高专项运动成绩有直接关系的耐力，具体是指持续完成专项动作或接近比赛动作的耐力②。也有专家认为，就耐力性项目而言，专项耐力主要是指高强度的竞赛耐力或速度耐力③。另有专家指出，专项耐力主要指在专项的负荷条件下保持长时间的运动能力④。专项耐力是运动员有机体为了获取专项成绩而最大限度动员机体能力克服专项负荷所产生的疲劳的能力。由于运动项目的不同，其专项耐力表现具有不同的特点。

由此可见，虽然以往对专项耐力的界定表述不一，但所表达的观点是一致的，即均认为专项耐力是指在专项技术动作条件下保持专项强度的长时间持续运动能力。同时我们也注意到，上述对专项耐力概念界定的正确性虽毋庸置疑，但就具体运动项目专项耐力训练而言，仍缺乏具有实际指导意义的意见或建议。因此，在对专项耐力概念准确界定的前提下，有必要对其训练的具体内容做出更明确的表述。

---

① 谢慧松．现代田径运动专项速度研究［M］．北京：北京体育大学出版社，2006：28.

② 田麦久．运动训练学［M］．北京：人民体育出版社，2007：156.

③ 陈小平．竞技运动训练实践发展的理论思考［M］．北京：北京体育大学出版社，2008：142.

④ 王卫星．体能训练理论与实践［M］．北京：高等教育出版社，2012：115.

在已有的文献资料中尚未发现有关专项柔韧、专项灵敏及专项协调概念的表述，这有待我们进一步深入研究。

二、专项身体素质训练

（一）身体训练

身体训练，即指身体素质训练，是运动训练的重要组成部分，是通过合理的负荷练习及对专项需要的适应，以提高运动员身体器官机能，发展运动员竞技能力，最终达到提高成绩的目的。身体素质训练就是发展与运动专项相关的力量、速度、耐力、柔韧、灵敏、协调等能力，促进身体素质与健康水平提高，身体越牢固，就越利于技战术、心理与智能的发展。技术是战术、心理发展的核心，而身体训练则是发展技术的前提，运动员素质能力提高后，其他竞技能力也会得以发展。总之，身体训练是基石，是提高运动员竞技能力的基础①。发展生理潜能与增强专项能力是身体训练的重要目标，在训练周期安排中，身体训练又可分为一般身体训练与专项身体训练。

（二）一般身体素质训练与专项身体素质训练

1. 一般身体素质训练

《身体素质训练方法》② 中将一般身体素质训练定义为："一般身体素质训练是指在训练中，采用多种多样非专项身体训练的手段和方法，以改善运动员的身体形态，增进运动员的健康，提高运动员各器官系统的机能和全面发展其力量、速度、耐力、柔韧及灵敏等素质。"《田径运动高级教程》（2003）③ 指出，一般身体训练主要是协调发展各种身体素质和有机体各系统、各器官的功能，为专项训练奠定基础。

从上述对一般身体素质训练的释义中可以看出：其一，一般身体素质训练是普通的走、跑、跳、投训练，练习内容全面、系统；其二，一般身体素质训练内容应与专项身体训练内容没有交叉重叠。

---

① 邦帕·哈夫．周期——运动训练理论与方法［M］．李少丹，李艳翎，译．北京：北京体育大学出版社，2011：46.

② 教材编写组．身体素质训练法［M］．北京：人民体育出版社，1999：9.

③ 文超．田径运动高级教程［M］．北京：人民体育出版社，2003：493.

文献检索显示，国内外专家学者对一般身体素质训练的基础理论研究非常有限，而对一般力量训练、一般速度训练、一般耐力训练等一般身体训练的下属素质分类研究论述则相对较多。

2. 专项身体素质训练

专项身体素质训练是竞技体育运动项目研究的热点问题，也是提高项目成绩的主要途径，尤其是在体能主导类项群的训练之中。专项身体训练虽然对运动成绩的提高起到至关重要的作用，但国内外专家学者对专项身体素质训练的概念依然没有达成一致。《身体素质训练方法》中将专项身体素质训练定义为："专项身体素质是指在运动训练中，根据专项的特点采用与专项有密切联系的专门性身体训练手段和方法，充分发展和改善与专项运动有直接关系的专项力量、速度、耐力、灵敏及柔韧等素质，以保证运动员在训练中更好地掌握专项技术与战术，并在比赛中有效地应用①。"

《田径运动高级教程》表述："专项身体素质训练主要是发展与专项有密切关系、能直接促进掌握专项技术和提高专项成绩的身体素质，如短跑运动员的速度力量、跳跃运动员的弹跳力、投掷运动员的出手速度等②。"

对大量文献资料进行分析表明，国内外专家学者对专项身体训练的整体概念没有进行更为深入的论述；但却从不同的方向、不同的视角对各个项目专项身体训练做了大量的研究，尤其是在专项力量训练方面的研究最多，诸多文献在研究专项力量训练方法和手段的同时，也对专项力量训练的概念进行了界定。

我国有学者依据不同运动项目的用力方式，从七个方面分析了不同项目的专项力量特点：专项动作起始速度的不同，肌肉用力的持续时间不同，用力收缩方式不同，动作结构相似但用力方向不同，不同项目战术的要求不同，不同的项目产生的反作用力的物质材料的性能不同，克服恒定外界阻力不同；并提出了较具操作性的专项力量定义："专项力量是指在运动员比赛动作技术和战术所要求的时空条件下，人体参与运动的肌肉或肌肉收缩克服阻力的能力③。"

也有学者认为，在专项力量训练时，首先应确定专项的神经肌肉特征，包括

---

① 教材编写组．身体素质训练法［M］．北京：人民体育出版社，1999：9.

② 文超．田径运动高级教程［M］．北京：人民体育出版社，2003：493.

③ 吕季东．专项力量测量的理论与方法［D］．上海：上海体育学院，2002.

专项力量的神经结构、专项力量的收缩结构、专项力量的弹性结构和专项力量的“深层结构”，然后再去安排专项力量训练方法；并提出了一些专项身体训练的不足，包括理论研究匮乏，理论研究与实践脱节，由此导致对专项身体训练认识方面的局限；同时还对训练过程中出现的一些问题进行了评论，为专项身体训练提供了新的研究方向①。

从上述专家学者对专项身体素质训练的界定可以看出，现有的文献资料中对专项身体素质训练概念的界定较少，多数研究是从专项身体素质训练的下位子素质——专项力量为切入点来具体分析专项训练。目前，对专项身体素质训练概念的界定依然没有达成统一，且界定较为笼统、模糊，仅停留在对专项身体素质粗放式概括表述阶段，这往往会导致我们对专项身体素质训练方法与一般身体素质训练方法的方法学原理认识不清，使得专项身体训练与一般身体训练没有明确的区分界限，最终难免会在一般身体素质训练和专项身体素质训练的内容安排及方法选择上出现问题，进而影响训练效果。

（三）一般身体素质训练与专项身体素质训练的关系

一般身体素质训练是专项身体素质训练的基础，一般身体素质为专项身体素质创造了必要的条件。专项身体素质水平越高，对一般身体素质水平要求越高。一般身体素质训练与专项身体素质训练相互协调、相互促进。在运动员多年训练计划中，基础训练阶段应以一般身体训练为主，参加田径项目训练的运动员，宜从10～12岁开始训练，此阶段专项身体训练占比较少。在专项提高与最佳竞技阶段，为了发展运动员的竞技能力，并提高运动成绩，应以专项身体训练为主，以一般身体训练为辅。竞技保持阶段，专项身体训练比例低于前两个阶段，一般身体训练比例略有增加②。正确处理好一般身体素质训练与专项身体素质训练的关系，是促进运动成绩稳步提高的重要保证。但二者之间又存在很大的不同，一般身体素质和专项身体素质训练的区别主要在于训练的目的、方法和手段及负荷形式的不同。（表1－2）

① 林岭．现代运动训练新理念、新方法［M］．北京：北京体育大学出版社，2013.

② 田麦久．运动训练学［M］．北京：人民体育出版社，2000：332－353.

表 1 – 2　一般身体素质训练与专项身体素质训练的区别

内容	一般身体素质	专项身体素质
目的	提高各系统机能，增进身体健康	提高与专项有关的器官系统机能
	全面发展身体素质	发展与专项相适应的身体素质
	为专项身体素质的发展和专项成绩的提高打好基础	保证运动员掌握专项技术、战术
方法和手段	专项以外各种各样对全面发展身体素质有益的身体练习	动作特点与专项动作结构相似的或有紧密联系的专门性身体练习
负荷形式	全面负荷、负荷量一般为中等	局部负荷，负荷量（强度）一般为大

第三节　田径运动各项目专项身体素质训练的研究综述

多年来，人们对田径运动各项目的专项身体素质训练进行了大量的研究与论述，为我们进行田径运动专项身体素质训练奠定了基础。

按照运动训练学项目分类理论，田径运动项目可分为速度性项群、快速力量性项群和耐力性项群①。下面我们对不同类别田径运动项目的专项身体素质训练研究文献进行归纳、概述。

一、有关田径速度性项目专项身体素质训练研究

田径速度性项目主要包括短跑和跨栏跑项目。短跑包括 100 米、200 米和 400 米；跨栏跑则包括女子 100 米栏、400 米栏和男子 110 米栏、400 米栏。

（一）短跑专项身体素质训练研究

短跑与投铁饼、投铅球项目一样，也是最古老的运动项目之一。自 1896 年雅

① 田麦久．运动训练学［M］．北京：人民体育出版社，2000：36.

典奥运会至今，短跑一直都是田径运动中最具观赏性的项目，而最后的获胜者我们习惯称之为“飞人”，其荣誉之高可与世界上其他任何项目的超级巨星称号相媲美。随着时代的发展，短跑的用时越来越短，跑速越来越快，这主要得益于两个方面：一是技术的不断改进，二是身体素质训练方法的不断创新，尤其是对专项身体素质训练方法的不断创新。研究显示，近年来国内外学者主要从专项速度、专项力量、专项耐力等方面来研究短跑的专项身体素质发展。

1. 短跑专项力量训练

虽然速度素质是运动成绩的直接决定因素，但速度素质的提高必须要通过对机体施加一定的负荷，力量素质训练也一直是短跑专项身体训练研究的重点，尤其是关于身体具体部位的力量训练问题。国外有研究指出，短跑是以髋为轴的高速摆动—平动，影响跑速的根本因素是以髋为轴的高速摆动力量，这种力量能力对短跑运动成绩的贡献要远远大于下肢蹬伸力量①。我国有学者认为：“后蹬是短跑技术中的关键环节，其技术特征表现为快速而有力的伸蹬动作，短跑专项力量训练应充分体现着以技术要求，大力发展伸髋肌群力量，应是短跑专项力量训练的重要内容②。”还有学者认为：“短跑专项力量训练必须重视以髋为轴的下肢摆动力量，以踝关节肌群为主的快速的离心—向心收缩力量，以肩关节为轴的上肢摆动力量③。”短跑中的力量能力主要取决于以髋关节为轴的摆动能力和拉长缩短式的快速支撑能力④。短跑的力量是肌肉快速收缩产生的肌力克服肌肉收缩阻力，以确保快速摆动与快速支撑动作的完成，从而实现人体加速位移⑤。短跑运动员专项力量练习应摆脱大负荷的杠铃练习，大负荷、慢速的杠铃练习不宜作为专项练习的手段⑥。要均衡发展全身不同环节肌肉力量与关键部位肌肉力量，前后肌群的力

---

① Cissik, John M. *Strength and Conditioning Considerations for the 100m Sprinter*. Strength & Conditioning Journal (Lippincott Williams & Wilkins) Dec2010, Vol. 32 Issue 6, p89 6p.

② 厉国玉．短跑后蹬技术特点与短跑专项力量［J］．浙江体育科学，1996（6）．

③ 陈起倪，等．中学生短跑运动员专项力量与训练［J］．福建体育科技，1997（12）：31－33.

④ McFarlanc, Brent. *Running: Developing Maximum Speed*. Modern Athlete & Coach Oct 2016, Vol. 54 Issue 4, 5p.

⑤ 骆建．短跑运动力量提高属性及训练原则［J］．成都体育学院学报，2001（2）：69－73.

⑥ 王保成，王川，周志雄．对我国短跑运动专项力量训练的思考与建议［J］．首都体育学院学报，2005（4）：39－41.

量要同步提高①。

研究表明，短跑的专项力量主要有以下三种：以髋为轴的摆动力量、以踝关节为主的离心—向心收缩力量、以肩为轴的上肢摆动力量。各专项力量及主要训练手段如表 1－3 所示。

表 1－3　各专项力量及主要训练手段

专项力量	主要手段
以髋为轴的摆动力量	跨步跳、车轮跑、跨低栏跑、弓箭步跑、抬腿送髋传实心球
以脚趾、脚踝为主的离心—向心收缩力量	小步跑、后蹬跑、快速跳深、计时直膝跳、计时单脚跳、沙滩赤脚跑及跳跃练习
以肩为轴的上肢摆动力量	提拉杠铃、抓举杠铃、卧推杠铃、高翻杠铃、俯卧撑、屈体划船、颈后臂屈伸

以髋为轴的摆动力量是短跑最重要的专项力量。有研究指出，以髋关节为轴的高速摆动—平动是短跑运动和技术的本质特征，途中跑的放松就是摆动技术、摆动力量的发挥与运用，短跑着地时间只有 80 毫秒左右，后蹬大约有 30 毫秒，后蹬是前摆用力的继续，后蹬效果取决于以髋为轴的大腿前摆功率②。髋是人体水平加速的关键技术环节，两大腿以髋为轴的剪绞—制动力量是短跑关键力量③。短跑运动员跑速的提高主要靠提高步频，而步频的提高又取决于髋关节肌肉的力量与协调性④。

同时，提高下肢摆动力量，是发展速度的重要途径，因此，必须加强屈髋肌群力量。以脚趾、脚踝为主的力量也是重要的专项力量⑤。脚趾和踝关节的力量能

① 龙斌．训练学视角下短跑运动员力量训练的思考［J］．武汉体育学院学报，2010（9）：88－91.

② 王保成，李鸿江．我国田径运动专项力量训练的现状与分析［J］．北京体育师范学院学报，1995（2）：53－57.

③ 王志强，郭强，肖建国，等．对短跑专项力量特点及其部分专门力量练习的分析研究［J］．体育科学，1999（3）：48－51.

④ 王川，张勇，徐国营，等．短跑运动员专项力量练习的设计与选择［J］．中国体育科技，1999（10）：8－9.

⑤ 王健．短跑摆动技术分析与力量训练［J］．咸宁学院学报，2005（6）：117－120，142.

力是影响短跑成绩的直接因素，因此，脚趾、脚踝的离心—向心力量是又一须重视的专项力量①。强有力的脚趾和脚踝力量，可支撑身体重心的平稳移动，并能保证肌肉收缩速度和力量的发挥，对提高跑速有重要作用②。

调查显示，国内外专家对短跑运动员肩关节为轴的专项力量训练也尤为重视。他们指出，上肢摆动力量是短跑运动中不可忽视的专项力量，是短跑系统中重要的环节，摆动的方向、速度等直接影响整体的跑动速度③。上肢摆动对下肢运动效果有主导和领先作用④。上肢力量是我国短跑运动员的短板，由于其在动力系统中有重要作用，必须加以重视⑤。

同时专家们也指出了目前我国短跑运动员力量训练的问题和不足之处：

（1）过分注重杠铃，过分追求大负荷，缺乏专门手段与器材⑥。

（2）对专项力量认识不足，方法和手段与技术动作不一致，训练带有盲目性，对爆发力和耐力重视不够⑦。

（3）我国短跑运动员力量训练过于片面，过于强调垂直面的力量练习，在力量专项的转化上认识不足，训练思想与器材陈旧⑧。

（4）我国短跑训练以速度为核心，更多注重途中跑和加速跑，而专门性力量练习较少，力量训练指导思想与国外也有差异，体形发展不协调，与国外优秀运动员差距较大⑨。

（5）我国运动员在对力量的分类、力量与速度的一体化等方面还缺乏足够的认识，从而造成伸髋与后蹬环节不协调⑩。

---

① 王保成，李鸿江．我国田径运动专项力量训练的现状与分析［J］．北京体育师范学院学报，1995（2）：53－57.

② 许月云．短跑运动员专项力量训练新途径［J］．山东体育学院学报，2001（3）：50－51.

③ 同①.

④ 王川，张勇，徐国营，等．短跑运动员专项力量练习的设计与选择［J］．中国体育科技，1999（10）：8－9，12.

⑤ 王保成，王川，周志雄．对我国短跑运动专项力量训练的思考与建议［J］．首都体育学院学报，2005（4）：39－41.

⑥ 林芹芳．短跑运动员力量训练方法与手段探析［J］．山东体育学院学报，2003（4）：62－64.

⑦ 同⑤.

⑧ 龙斌．训练学视角下短跑运动员力量训练的思考［J］．武汉体育学院学报，2010（9）：88－91.

⑨ 张智强，林秋生．试谈现代短跑运动员的专项力量训练［J］．科技信息，2008（28）：525－526.

⑩ 赵琦．我国高水平短跑运动员技术与力量训练的理论缺失［J］．沈阳体育学院学报，2013（6）：97－100.

针对上述问题，专家们提出了自己的建议：

（1）要加大宣传新理论、新思想，提高思想认识，注重青少年运动员的培养，培养他们正确的力量与技术训练方式[①]。要注重理论认识，要把理论与实践相结合，在训练中要敢于创造不同的训练方法、手段及内容的组合，发展专项力量要与专项技术相一致[②]。

（2）要均衡发展各部分肌肉力量，并注重关键部位力量，摆脱单一杠铃大负荷练习，追求练习方法手段的多样化，力量练习要符合短跑技术要求[③④]。

（3）要提高教练员对短跑特征的认识，依靠教练员的设计、选择进行短跑专项力量训练，要逐步摆脱大负荷、慢速度的杠铃练习，注重髋、踝、肩的专项练习[⑤]。

（4）力量训练应注重项目特点及运动员个体差异，注意区分最大力量与速度力量训练负荷及指标的差异，注重实现运动员长远目标[⑥]。

（5）短跑力量训练的三种对策，即均衡发展力量、限制局部力量超期发展、依据短跑技术特征选择力量训练手段[⑦]。

2. 短跑专项速度训练

研究表明，专项速度是专项素质的核心，它由三个子系统构成，即专项反应速度、专项动作速度和专项移动速度[⑧]。自发令枪响到肌肉发生活动为起跑反应时间，这一时间为0.12～0.13秒之间；位移速度是指短跑时的水平速度，提高跑速首先要通过信号刺激、信号反应等，缩短反应时，并改善起跑动作。其次要提高肌肉力量，加快收缩速度，速度与力量有直接的相关，这就要求运动员提高专项

---

① 徐茂典，王保成．现代短跑技术与短跑运动员的专项力量训练［J］．贵州体育科技，1995（4）：3－8.

② 余维立．关于我国短跑运动力量训练问题的思考［J］．体育科研，1995（3）：1－6.

③ 许月云．短跑运动员力量训练手段的剖析［J］．泉州师范学院学报，2002（2）：95－98，105.

④ 林芹芳．短跑运动员力量训练方法与手段探析［J］．山东体育学院学报，2003（4）：62－64.

⑤ 王保成，王川，周志雄．对我国短跑运动专项力量训练的思考与建议［J］．首都体育学院学报，2005（4）：39－41.

⑥ 张昌言，周曰卿．短跑运动员最大力量和速度力量的训练特征及方法［J］．北京体育大学学报，2002（3）：425－427.

⑦ 龙斌．训练学视角下短跑运动员力量训练的思考［J］．武汉体育学院学报，2010（9）：88－91.

⑧ 谢慧松．对专项速度的研究［J］．北京体育大学学报，2003（2）：277－279.

力量，并通过冲刺练习建立动力定型。再次要提高全身肌肉的协调性，增加运动员的放松跑练习，并全面提高身体素质。最后要增大磷酸原与糖储备，短跑中磷酸原和糖是主要供能方式，可采用间歇训练法提高能源储备①。速度素质练习方法见表 1 –4。

短跑技术要注重保持技术与速度节奏及发挥最高跑速，要在儿童训练的敏感期发展速度素质，对少年运动员，首先要明确指导思想，树立正确概念，为专项速度训练打好基础②。发展速度素质应注意不同素质之间都存在一定的联系，在练习中要处理好与其他素质的关系，如通过提高力量与柔韧素质发展速度；要注重肌肉的放松，以给肌肉输送更多的氧气，加快高能磷酸化合物的合成；速度训练要充分调动植物性神经系统机能；结合专项进行训练③。

上述文献表明，短跑项目的专项速度主要指专项反应速度、专项动作速度和专项移动速度，这无疑是正确的。但多数研究文献中其训练方法、手段并未体现专项速度与一般速度之间的区别，两个概念较为模糊，没有明确的区分界限。

表 1 –4 速度素质练习方法④

速度素质	练习方法
反应速度	简单反应速度：完整练习、分解练习、变换练习、运动感觉练习 复杂反应速度：移动目标练习、选择动作练习
动作速度	完整技术练习、利用助力练习、利用后效作用练习、加大难度练习
移动速度	力量练习、重复练习、步频与步幅练习、比赛法与游戏法练习

3. 短跑其他专项素质训练

在已有的文献资料中，也有关于短跑项目其他专项身体素质的研究，但并不

① 冯敦寿．田径专项速度的训练方法（部分项目）［J］．体育科研，1992（S1）：27 –61.

② 卢竞荣，郑永华，俞世军．对少年短跑运动员速度训练的探讨［J］．首都体育学院学报，2008（4）：125 –128.

③ Ryoji Toyoshima. *Kinematic Characteristics of High Step Frequency Sprinters and Long Step Length Sprinters at Top Speed Phase*. International Journal of Sport & Health Science 2016，Vol. 14，p41 10p.

④ 教材编写组．身体素质训练法［M］．北京：人民体育出版社，1999：87.

是很多。

在专项速度耐力方面，有学者指出，在速度的基础上发展速度耐力，可以促进速度水平的逐步提高①。速度耐力训练要注意认清短跑的生理、生化特征，明确指导思想，选择合适的手段②。快速力量耐力对运动员较长时间保持快速用力能力有重要作用③。良好的速度耐力有利于保持位移速度、有利于正确技术动作的发挥、有利于提高斗志、有利于保持稳定的训练水平、有利于身体素质的全面提高④。

在专项柔韧性方面，有专家指出，柔韧性差的运动员，大腿前摆低，步幅小，动作僵硬，而柔性好的选手，腿抬得高，步幅大，动作流畅⑤。良好的柔韧有利于运动员掌握正确动作，提高动作质量和幅度，使跑动更加协调，对运动员的力量、速度、耐力有积极的影响，并能延长运动寿命⑥。柔韧，即关节活动幅度及韧带伸展能力，对增大跑动步幅有重要意义⑦。

（二）跨栏跑专项身体素质训练研究

1. 跨栏跑专项力量训练

专项力量是运动员在完成专项技术时使肌肉力量达到高度水平的能力，按其表现形式可分为四种：绝对力量、相对力量、速度力量和力量耐力。影响专项力量的因素主要有肌肉横截面积，肌纤维类型、数量、长度，肌肉内协调，用力时间等⑧。跨栏跑专项力量多指髋关节和腰部肌肉力量，专项力量的强弱对跨栏步的动作速度有一定的影响。专项力量的提高是一个循序渐进的过程，必须与基础力量配合发展才可以取得良好效果。主要可采取以下手段：体侧绕栏练习；体侧转髋绕栏；起跨腿绑橡皮筋提拉；摆动腿负重做高抬、下压动作；双手支撑、单膝

---

① 冯敦寿．我国短跑速度与速度耐力现状分析［J］．上海体育科技资料，1979（1）：5－10.

② 汪孝训．浅谈少年短跑运动员速度耐力训练［J］．辽宁体育科技，1982（3）：28－29.

③ 周永奇，吴兆红，赵海波．短跑专项力量训练方法研究［J］．山西师大体育学院学报，2002（2）：54－56，59.

④ 胡巍．试论短跑的速度耐力训练［J］．田径，2012（10）：17－18.

⑤ 高士顺，高金红．加强青少年短跑运动员柔韧素质训练［J］．田径，1998（2）：33－34.

⑥ 庄茂花，刘宇刚．试论柔韧素质对提高少儿运动员短跑速度的作用［J］．哈尔滨体育学院学报，1999（3）：40－42.

⑦ 刘丽．浅析柔韧素质对短跑运动员的重要作用［J］．科教文汇（下旬刊），2012（2）：145－146.

⑧ 詹建国．跨栏跑：现代跨栏跑技术与训练［M］．北京：北京体育大学出版社，2004：71－72.

跪地做摆动腿高抬前伸动作；双手支撑、单膝跪地做起跨腿前拉练习。400 米栏要加强快速力量耐力训练，多采用轻器械进行多次重复练习，每次练习都要保证动作速度与节奏①。有研究指出，最大力量可采用退让与克制结合训练，注意控制时间比例（2:1），也可采用静力性力量练习；发展速度力量时切忌负重过大，要保持一定的速度核心②。也有人认为，髋关节力量是跨栏运动员所特需的力量，它是运动员准确、快速越过栏架的保证，是充分发挥力量水平的前提③。跨栏跑运动员应具备短跑运动员一般的快速力量，力量耐力练习可以将不同练习手段组合到一起，而绝对力量的发展有助于提高其他力量。在力量训练中应注意因人而异，合理安排负荷；训练方法、手段的多样化，全面发展身体素质；安排好放松，合理饮食④。专项力量训练应与专项技术相一致；蹬摆应与专项发力特点相一致；遵循练习的系统性和长期性原则；注意练习的负荷量，主要强调练习的速率，突出速度力量；注意动作的准确性和合理性，有针对地施加负荷⑤。

由此可见，上述文献分别从跨栏跑专项力量训练的内容、训练方法、手段及训练中注意事项等方面进行了阐述，在一定程度上有助于跨栏跑专项力量能力的提高。但文献中并没有对跨栏跑专项训练的内部机制原理进行剖析，这样必然难以抓住跨栏跑专项的本质特征以科学合理地安排训练方法、手段；更不能根据其专项训练的机理特征去创新专项训练方法、手段。

2. 跨栏跑专项速度训练

专项速度是运动员高速度完成跨栏跑技术动作和取得全程最快速度的能力，其包括三方面速度：位移速度、动作速度、反应速度；影响专项速度的因素主要有中枢神经灵活性、肌肉力量与弹性、动作技术⑥。良好的跑动速度应是跨栏运动员必备的素质，同时只有将一般跑动速度转化成跨栏跑专项速度，才能创造优异的跨栏跑成绩。跨栏运动员平跑水平对专项水平有重要影响。平跑训练是跨栏项目关键的训练内容，练习时可采用类似短跑的训练方法与手段，但要结合跨栏跑

---

① 中国田径协会．中国青少年田径教学训练大纲［M］．北京：北京体育大学出版社，2009：66－67.
② 周铁军．论跨栏专项力量训练［J］．武汉体育学院学报，1994（1）：88.
③ 郭素华．谈跨栏跑专项力量训练［J］．四川体育科学，1994（4）：19.
④ 胡静萍．跨栏跑运动员的专项力量训练［J］．田径，2007（9）：16－17.
⑤ 周斌．青少年跨栏运动员摆动腿专项力量训练［J］．中国体育教练员，2015（1）：33－35.
⑥ 詹建国．跨栏跑：现代跨栏跑技术与训练［M］．北京：北京体育大学出版社，2004：70－71.

特点。速度耐力对400米栏运动员有重要作用，因此要加大运动员无氧耐力训练[①]。跨栏速度主要包括平跑速度和动作速度，运动员平跑时应具有高重心、弹性好、节奏强的特点，由于栏间距是固定的，所以改进平跑速度的关键是保证合适步幅，提高步频[②]。影响跨栏专项速度的因素主要包括平跑速度、过栏技术和协调放松能力；发展专项速度可采用以下一些练习：低难度跨栏跑、顺风跨栏跑、短栏架低栏架跨栏跑、下坡跨栏跑、变化节奏跨栏跑等[③]。跨栏跑速度训练的特点是平跑技术是否合理，将影响跨栏技术和速度的发挥；400米栏训练要选择有效的组合跑和变速跑，提高无氧代谢水平；速度训练与技术紧密结合；快速力量与速度有效结合[④]。专项速度素质训练应注意的问题：通过发展力量和柔韧促进速度发展，合理安排速度素质训练的顺序[⑤]。

可以看出，上述有关研究主要是根据跨栏跑专项的特点，指出了影响跨栏专项速度的因素，同时提出了发展专项速度的一些练习，此外，也提出了跨栏跑专项速度训练中需要注意的问题等，对跨栏跑专项速度训练具有一定的指导意义。

3. 跨栏跑专项耐力训练

专项耐力是运动员长时间、高频率进行跨栏跑专项运动和比赛的能力，影响专项耐力的因素有个性心理特征、身体机能稳定性、能量交换能力、技术的合理性与身体协调性[⑥]。专项耐力是维持最高速度的能力，主要取决于以下因素：专项训练水平，保持栏间跑速、后半程过栏速度和单个动作速度[⑦]。发展专项耐力的手段主要包括重复、变速、往返跨栏跑，单级、多级跳，蛙跳，上坡跑，大强度100~300米跑练习，计时深蹲，长距离间歇跑，长、短结合变速跑，长距离跳，

---

① 中国田径协会．中国青少年田径教学训练大纲［M］．北京：北京体育大学出版社，2009：64－65.

② 文超．田径运动高级教程［M］．北京：人民体育出版社，2013：152.

③ 陈超英，马立军，杨光．跨栏跑的专项速度及其训练［J］．田径，1995（1）：15－17.

④ 徐云保．跨栏跑速度训练的几个特点［J］．中国体育教练员，2009（4）：49－50.

⑤ 尚沛沛．跨栏跑专项速度素质训练研究［J］．科技资讯，2012（4）：244.

⑥ 詹建国．跨栏跑：现代跨栏跑技术与训练［M］．北京：北京体育大学出版社，2004：72.

⑦ 张胜华．跨栏跑的耐力问题［J］．四川体育科学学报，1986（2）：52－54.

单、双脚跳等①②③④。在400米栏专项耐力训练的负荷强度和负荷量安排方面应做到负荷量大且要有节奏，调整好身心状态，运用生化指标来监督训练，定期测试，并对成绩进行分析⑤。

4. 跨栏跑其他专项素质训练

专项柔韧是运动员达到最大幅度的能力，影响因素包括肌肉、韧带弹性，关节形态及周围组织大小，脊柱的灵活性，神经过程及心理紧张度；专项灵敏、协调指运动员通过迅速、准确地改变身体的空间位置和方向，以适应变化的外部条件的能力，影响因素包括身体素质状况、中枢神经的灵活性、技术的合理性、心理紧张度及神经过程的灵活性⑥。

从上述有关跨栏跑专项身体素质训练研究文献可见，学者们主要对跨栏跑所需的各专项身体素质内容进行了分析探讨，而后提出了一些专项身体素质的训练方法、手段及训练中需要注意的问题。

二、有关田径快速力量性项目专项身体素质训练研究

（一）有关田径快速力量性投掷类项目专项身体素质研究

投掷项目对运动员力量的要求最为突出，除了要求运动员有大的绝对力量外，还要有强的快速力量和爆发力水平；而运动员所需的速度则指专项速度，它指完成动作技术的速度和器械出手速度；另外，协调性和灵活性对运动员的投掷也有一定影响，协调可使技术动作更完善，而灵活可使动作更流畅⑦。

① 柳百敏．发展跨栏跑专项耐力的几种有效手段［J］．体育科研，1982（7）：27.

② 吴成禄．评定跨栏运动员的专项耐力对运动成绩的影响［J］．宁德师专学报（自然科学版），2002（1）：84－86.

③ 陈纪阳．跨栏跑项目的特点与发展专项耐力的几种训练手段［J］．福建师大福清分校学报，2000（2）：94－95.

④ 陈琛．110米栏中速度耐力在后半程中的重要性及训练方法［J］．湖北体育科技，2009（3）：317－318.

⑤ 黄步东，郑忠波．浅谈400米栏的耐力训练［J］．体育科技，1999（S1）：43－44.

⑥ 詹建国．跨栏跑：现代跨栏跑技术与训练［M］．北京：北京体育大学出版社，2004：72－73.

⑦ Bruno Pauletto. *Strength training for coaches*. Human Kinetics，1991：49－59.

1. 铅球专项身体素质训练研究

(1) 铅球专项力量训练

推铅球专项力量分为克服内部阻力与外部阻力两大类别能力。专项力量训练有以下几种方法：专项空间强化法、专项时间强化法、专项时空组合法、手段有序组合法。铅球专项力量训练可分为专项基础性力量练习和专门性力量练习。

有研究指出，铅球运动员可通过大强度跳跃练习、短距离跑等发展下肢的快速力量与动作速度①。力量训练有利于正确技术的掌握，更快提高运动成绩；铅球力量训练更注重爆发力，应在不降低速度的情况下，尽量增加重量，或者重量不变的情况下，尽量加快速度；要重视不同肌群力量的协调发展；力量练习应与各个技术环节紧密一致②。力量训练的要求：注意改进技术动作的各个环节，尤其要重视速度素质，科学安排训练课③。专项力量效果是通过专项技术体现在出手速度的提高，在加强上肢力量与最大力量训练时，必须增强快速力量、下肢爆发力及制动力量的练习④。有学者指出，尽管杠铃挂帅存在许多的不足，但在力量训练中仍然很重要，在练习中应与专项技术特征相一致⑤。力量训练应协调发展，对大小、前后、上下肌群应全面安排；注重改善肌肉用力顺序，使肌肉用力配合更合理⑥。(表1－5)

---

① Todor O. Bompa. *Strength Training*. Human Kinetics，1998：55－113.

② 曹镕，李仙友．专项力量训练是掌握技术和提高成绩的基础——铅球技术教学法探讨［J］．成都体育学院学报，1991（1）：67－71.

③ 阚福林．以力量为基础 以速度为核心——铅球训练的体会［J］．中国体育教练员，1994（1）：11－13.

④ 王保成，周志雄．铅球最后用力的理论与训练［J］．体育与科学，2000（2）：39－42.

⑤ 任平社，庄希琛．不同力量训练手段对推铅球技术与成绩影响的实验研究［J］．北京体育大学学报，2007（2）：276－278.

⑥ Ven Cambetta. *New trends in training theory*［J］. New Studies in Sthletics，1989（2）：7－10.

表 1－5 铅球专项力量训练手段

练习	训练部位	手段
专项基础性力量练习	上肢	卧推、向上推举、快速斜上方推、俯卧撑、负重屈肘、负重屈腕
	躯干	高翻、提拉、抓举、负重体前屈、负重仰卧起坐、仰卧举腿、负重体侧屈、侧提壶铃、负重转体、负重腰绕环
	下肢	下蹲、半蹲、负重蹲跳、负重弓箭步跳、负重提踵、跳深、跳台阶、蛙跳、立定跳远、立定三级跳远、多级跨跳
	全身	挺举、抓举、快速挺举、高抓、立卧撑
专门性力量练习		持器械转体、推拉胶带、杠铃抡摆、肩负杠铃连续转髋、连续摆杠铃片、肩负杠铃片旋转、徒手及持球连续滑步或旋转
		前抛后抛铅球、滑步高抛实心球、侧抛杠铃片、投重器械及轻器械、对网推实心球

（2）铅球专项速度训练

铅球专项速度是严格符合专项技术要求的速度。在训练过程中可采取投掷轻铅球的手段发展专项速度，专项速度训练方法及要求如表 1－6 所示。

有专家通过对女子高水平投掷运动员投掷轻器械的统计表明，在训练时投掷 3.5 千克的轻球与比赛时投掷标准球的成绩极为相似，因此，可以通过投掷轻球让运动员体会比赛时的出手速度或高于比赛状态的出手速度感，以发展运动员的专项速度水平①。还有学者通过多种分析方法指出，滑步阶段左腿的有效摆动，能加大右腿的蹬伸力量，提高蹬伸速度，进而提高滑步速度，在过渡阶段加快髋部的侧移，有利于身体重心速度的回升②。有学者指出，影响铅球出手速度的运动环节顺序依次为左腕速度、团身移臂—摆蹬结束阶段的左踝速度、爆发阶段的左踝和右腕速度，并指出铅球投掷动作的速度节奏是影响出手初速度及决定投掷成绩的

① 阚福林，李祖林，魏星．发展我国高水平女子铅球运动员专项速度的探讨［J］．体育科学，1992（3）：27－31.

② 任文君，张斌，张斌南．对我国优秀女子铅球运动员推铅球技术速度节奏的研究［J］．体育与科学，1998（2）：29－33.

根本原因[①]。良好的速度节奏对推铅球有重要的作用，合理的节奏可使身体各环节严格按照一定的顺序来完成动作，从而保证技术动作的完整性和连续性，提高最后的用力效果，提高出手速度，而良好的速度节奏，也是获得较大出手初速度的前提[②]。有学者通过分析认为，我国运动员应加强摆动练习，减小重心腾起角和蹬地角，适当增加水平分速度，减小垂直分速度，尽力保持或增加过渡阶段铅球速度和重心速度[③]。

表 1－6　铅球专项速度训练

方法	手段与要求
减小阻力的方法	阻力越小肌肉收缩速度越快，提高动作速度，可采用投掷轻铅球 处理好位移速度和动作速度的关系，注意快速动作的放松与协调
人体快速运动过程中进行投掷练习方法	助跑推球、上步推实心球 注意动作速度及其变化节奏
变换阻力的练习方法：专项速度	信号刺激的方法：合理选用轻器械，轻器械的练习与标准、重器械练习相结合 阻力与助力练习相结合，形成高水平的神经肌肉协调用力，充分发挥速度潜力
跑、跳、投、球类活动	保持一定的位移速度和动作速度，注意高速条件下的协调性练习

（3）铅球其他专项素质训练

在铅球运动员的训练过程中应重视灵敏性、协调性及柔韧性等专项身体素质的训练，因为各项素质相互之间有着密切的联系，应做到均衡发展[④]。训练过程中可采用前抛、后抛、侧抛实心球、铅球、壶铃等重物练习，以及各种跑、跳、攀

① 肖林鹏．我国优秀女子铅球运动员背向滑步推铅球技术动作速度节奏的特征与模式研究［J］．天津体育学院学报，2002（1）：30－32.

② 林伟良．铅球技术训练中速度节奏的培养［J］．田径，2005（8）：42－44.

③ 白光斌，龚锐．李梅菊背向滑步推铅球技术动作的速度节奏分析［J］．山东体育学院学报，2007（5）：94－95，106.

④ 田径教研室教材编写组．田径运动［M］．北京：北京体育学院出版社，1990：338.

爬、翻滚等练习全面发展各项专项身体素质。

2. 标枪专项身体素质训练研究

（1）标枪专项力量训练

标枪属于轻器械，其对力量向技术的转换更为严格，在训练过程中，应根据运动员自身特点，制订长期的计划，做短期安排，并根据具体情况做适当调整[①]。力量对获得优异成绩有重要作用，它既是其他素质的基础，又是掌握技术的前提[②]。标枪力量训练应注意的事项：力量训练应以结合器械训练为主，坚持全面发展、循序渐进的原则，局部与整体力量发展相统一，注意训练后的放松、避免损伤[③]。根据不同专家的意见[④⑤]，我们归纳总结了一些标枪运动员专项力量训练的手段。（表1－7）

表1－7 标枪专项力量训练手段

力量	手段
专项投掷力量	单手提拉重物、仰卧双手头后拉重物、负重仰卧起坐、单臂（双臂）上一步掷实心球、砍斧练习、仰卧拉举、投掷重标枪
爆发力	前抛（后抛）实心球、高翻杠铃、连续跳栏架、跳深、冲刺跑、助跑投小球或轻标枪、上一步打鞭子
最大力量	抓举、挺举、负重深蹲、负重蹲跳、卧推、坐推
其他力量	单手（双手）绕杠铃片、髋部抓举、体前后过顶绕、前抛（后抛）铅球、链球预摆、摔跤

① 于学清，马克寿．标枪运动员力量训练的手段和方法［J］．山东体育科技，1998（3）：15－16.

② Todor O. Bompa. *Strength Training*. Human Kinetics，1998：55－113.

③ 崔建．论标枪运动员的力量素质训练［J］．田径，2007（11）：4－5.

④ 李岳峰．现代标枪技术与教学训练［M］．长沙：中南大学出版社，2002：89－92.

⑤ 西尔维斯特．投掷项目全书［M］．孙欢，译．北京：人民体育出版社，2012：138－142.

（2）标枪专项速度训练

标枪的专项速度包括专项位移速度与专项动作速度，专项位移速度包括助跑一般速度和助跑控制速度，专项动作速度包括动作速度力量和动作控制速度[①]。一般而言，标枪运动员速度训练包括持枪助跑和交叉步跑，如表 1－8 所示。

运动员跑的技术和跑的能力，对掷标枪助跑技术有直接影响，而且通过各种跑的练习（快速跑、反复跑），还可提高运动员神经系统的快速传导能力。主要练习手段有 50 米、60 米加速跑，20 米、30 米、50 米起跑，20 米、30 米各种预备姿势反复跑，小步跑，高抬腿跑，后蹬跑，80 米、150 米中速跑，跨栏跑，越野跑等[②]。

标枪运动员要有良好的速度节奏感，在培养速度节奏感时，可多采用轻器械进行训练，不断加快投掷臂的速度节奏，对提高成绩有重要作用[③]。国外有学者指出，投掷成绩与助跑速度峰值无绝对关系，与峰值出现的时机和速度曲线平稳度有关，在投掷前应尽量减少助跑速度的损失[④]。我国有学者认为，动作速度素质在掷标枪中有重要的实用价值，应围绕动作速度对运动员进行模式训练和选材[⑤]。影响标枪最后出手速度的首要因素是标枪离手时的左膝角，在训练中应重视出手前的身体姿势，以确保肌肉在充分拉长的情况下进行“鞭打”[⑥]。助跑速度的稳定性对助跑技术有重要作用，而助跑速度的利用对最后出手速度有重要影响，并提出助跑必须在同一位置，用同一速度开始，不能改变节奏[⑦]。

---

① 陈国平．标枪运动员专项速度训练模式研究［J］．西安体育学院学报，2008（5）：100－102，107.

② 李岳峰．现代标枪技术与教学训练［M］．长沙：中南大学出版社，2002：83.

③ 路永才，李秀云，路国华．速度—节奏在投掷标枪中的作用［J］．田径，1996（5）：20－22.

④ Steven J. A uferoth. *Power training for the developing thrower.* periodization Track and Field Coaches Review, 1991（3）：43.

⑤ 周全富．掷标枪中动作速度的作用及训练模式的探讨［J］．西安体育学院学报，2001（3）：55－57.

⑥ 王林．关于标枪出手速度的效果测度灰色关联分析［J］．湖北体育科技，2001（4）：17－18，20.

⑦ 彭志军，陈志萍．青少年男子标枪运动员助跑速度的实验研究［J］．北京体育大学学报，2006（4）：565－567.

表 1-8 标枪专项速度训练

内容	手段
动跑练习	20～30 米的起动跑、持枪跑、交叉步跑、30～60 米行进间跑、60～100 米跨栏跑等 在跑道上进行练习，计时并计算平均速度，发展最大速度能力
跳跃练习	立定跳远、立定三级跳远、多级跳、助跑跳远、跳不同高度跳箱、各种距离单足跳、蛙跳等
持枪跑接交叉步跑及投掷各种轻器械	持枪于肩上，在标志线后起跑，加速通过所跑距离；原地及助跑投掷不同重量轻器械

（3）标枪其他专项素质训练

良好的柔韧性可通过加大标枪投掷的动作幅度，从而提高投掷成绩，动作幅度越大，投掷结果越理想。发展一般柔韧性可采用游泳、杠上体操和地面体操。专项柔韧练习如表 1-9 所示①。

表 1-9 标枪专项柔韧训练

手段	要点
持枪肘部拉伸练习	举起标枪后端，加以拉伸
有同伴的胸部和肩部拉伸练习	俯卧，双手抱头，同伴从后拉住双肘，进行胸部和肩部的拉伸，同时下腰也得到拉伸
后弓腰练习	仰卧，双手过头顶，双膝弯曲，用手支撑起身体，形成一个拱形，向上顶髋部，加以拉伸
肩部拉伸练习	手举枪，向前推送髋部，拉伸肩部

发展肩关节柔软的手段主要有徒手—带重物做双臂向前—向后连续绕环练习，双手握竿或标枪逐渐缩短距离的向前—向后连续转肩练习，垂直转肩练习，徒手—负重压肩练习。发展胸椎柔软的手段主要有“后桥”练习：初学者的开始姿

① 杰·西尔维斯特．投掷项目全书［M］．孙欢，译．北京：人民体育出版社，2012：133-138.

势应先仰卧在垫子或草地上，逐渐增加难度，加助力的“后桥”练习，“满弓”练习，力量性“满弓”练习。发展髋关节柔软性的手段有：劈叉练习、原地—走步转髋练习、负重弓箭步练习、跪立向后仰体练习、各种跨栏练习、各种负重跳①。

3. 铁饼专项身体素质训练研究

（1）铁饼专项力量训练

专项力量练习，对技术动作某些单独成分或某些成分的组合，并根据部分动作所需的用力形式发展各个部位的肌肉力量②。专项力量训练的方法主要有分组练习法、“金字塔”式练习法、极限重复法、分割练习法、叠加练习法、循环训练法、力量训练法、力量分期练习法③。铁饼专项力量训练的主要手段，见表1－10。

掷铁饼的不同阶段所需的力量素质不同，基础力量存在于中间技术环节，而快速力量主要存在于动作结束环节，因此应在不同技术环节施以不同内容的力量训练。在力量训练过程中，要注意选择负荷和器械的重量，对投掷速度进行有效控制，基础力量与快速力量训练应相互结合，循环进行④。同时，快速力量和最大力量的训练应贯穿训练始终，训练中应保持专项力量训练手段的多变性与技术特征的一致性⑤。应突出运动员特点，以力量为基础，有针对性，注重小肌群力量的发展，注重发展快速力量，与专项技术相结合⑥。力量训练应处理好以下几个问题：把最大力量、快速力量和专项技术结合，提高力量利用率；协调发展力量素质，把握力量训练节奏；处理好动作速度、重复次数和抗阻力间的关系⑦。青少年铁饼运动员在发展力量时应注意：在全面发展身体素质基础上进行力量训练，关注专项力量对速度、协调、节奏的影响，合理安排训练内容，循序渐进，多手段相结合⑧。

---

① 李岳峰．现代标枪技术与教学训练［M］．长沙：中南大学出版社，2002：84－87.

② 田径教研室教材编写组．田径运动（下册）［M］．北京：北京体育学院出版社，1990：365.

③ 帖佐宽章．铁饼投掷［M］．李鸿江，等译．北京：人民体育出版社，2001：84－97.

④ 林德华．动作速度定量控制在女子铁饼运动员快速力量训练中的应用研究［J］．广州体育学院学报，2003（5）：61－63.

⑤ 张邦恒，徐韶阳．中外优秀男子铁饼运动员赛前训练计划及其专项力量指标的比较研究［J］．西安体育学院学报，2010（6）：747－750，764.

⑥ Judge，L. Big *Throws*. Training and Conditioning，2004（3）：24－28.

⑦ 袁永清，王振发．铁饼运动员的力量训练［J］．哈尔滨体育学院学报，1990（3）：54－55.

⑧ 董盐海．如何发展男子少年铁饼运动员的专项力量［J］．上海体育学院学报，1984（4）：18－21.

表 1 – 10 铁饼专项力量训练手段

手段	目的	要求
原地连续挥片	发展腿、髋、躯干和肩的专项力量，提高协调能力	身体扭紧，以右腿、右髋转动为主，投掷臂伸展充分，最后形成左侧支撑
双手抛掷铃片	发展腿、髋、躯干专项力量	重心压右腿，右腿、右髋转蹬发力，带动上体和上肢将铃片抛出，铃片出手时重心移到左腿
仰卧扩胸	发展胸部和肩部专项力量，提高肩带柔韧性	下摆铃片尽量放松，拉长胸部和肩带肌群，然后迅速上摆，完成动作需直臂
仰卧单臂挥片	发展腹部、躯干和肩带专项力量及柔韧性	双脚固定，坐于山羊上转体后仰下摆铃片，躯干充分扭紧，转腰与胸带臂有机衔接，投掷臂伸直，摆动幅度大
原地拉胶带鞭打	发展下肢、髋部和肩带专项力量，建立正确有力顺序	胶带一端固定，开始重心压右腿，下肢转动完成鞭打，投掷臂与肩轴在同一直线
腰系带球打墙角	提高腿部和髋部专项力量及协调性	将球固定于右侧腰，转动右髋带动球击打墙，弧度要大，以左侧支撑为旋转轴
肩负杠铃原地旋转	发展左腿和左脚专项力量，提高旋转平衡力	肩负杠铃，以左腿为支撑轴进行预摆旋转，身体扭紧，重心降低，右腿外展

（2）铁饼专项速度训练

铁饼的技术特点是旋转，其初速度由向前的水平速度与向上的垂直速度合成，主要取决于旋转角度、双腿支撑反作用力产生的水平分速及跨跳时的水平分速。而旋转速度受以下因素的影响：旋转时铁饼的运行路线，作用于铁饼的工作距离，合理移动身体重心①。研究认为，肌肉力量、支撑反作用力、惯性力，出手前形成的以左侧支撑为轴的转动惯量，人体向前转动、出手前左侧支撑突然制动所产生的转动惯量，作用于铁饼的力与时间，中枢神经系统的机能，肌肉的解剖学特征

① 崔加秀．从力学原理试探掷铁饼的旋转速度［J］．武汉体育学院学报，1963（5）：41－44.

等是影响初速度的因素①。有分析指出，右髋速度、右髋水平速度、左髋垂直速度变化与投掷成绩呈正相关，而左踝水平速度、重心速度、重心垂直速度、左髋水平速度变化与投掷成绩呈负相关②。在最后用力初始阶段右肩合速度、右肩水平速度、右肩垂直速度增加，右髋合速度与投掷成绩呈正相关，右髋水平速度变化与投掷成绩也呈正相关③。最后用力阶段非投掷臂的摆动速度对右肩髋的转动速度有着重要影响，进而影响铁饼的出手初速度，因此，非投掷臂应是主动式地摆动④。

有研究指出，我国女子铁饼运动员准备与开始旋转阶段饼速提高过快，而过渡阶段饼速下降，造成最后用力阶段饼速上升较慢，因此，运动员应加强过渡阶段饼速的技术训练⑤。铁饼专项速度训练包括动作速度和加速度，主要方法和要求如表 1－11 所示⑥。

表 1－11　铁饼专项速度训练

手段	目的	要求
原地快速鞭打标志物	培养最后用力动作速度、爆发力和快速用力的节奏感，提高控制能力和动作准确性	右手持小条，从最后用力预备姿势开始做最后用力动作，鞭打标志物，以极限速度完成，投掷臂充分伸展，并与肩轴在一条直线上
沿跑道连续旋转	发展下肢及髋部的专门力量和灵活性，提高平衡能力	左脚在前，双脚前后开立，以下肢和髋发力，快速完成旋转动作，结束时髋轴与肩轴扭紧成“十”字

① Bill Allerheilligen. *In – season strength training for power athletes*. Strengthe & Conditioning Journal，2003（2）：16－20.

② 张良．我国优秀女子铁饼运动员最后用力阶段速度变化对成绩影响的相关分析［J］．山东体育学院学报，2009（2）：78－80.

③ 王锋，游江波．我国优秀女子铁饼运动员最后用力阶段肩、髋速度变化特征分析［J］．山东体育学院学报，2009（10）：80－82，90.

④ 王新坤，崔朋涛．优秀男子铁饼运动员掷铁饼最后用力阶段非投掷臂速度变化的运动学分析［J］．沈阳体育学院学报，2010（2）：92－94.

⑤ 李建臣，肖涛．我国优秀女子铁饼选手旋转阶段肩髋饼速度变化的三维运动学特征［J］．广州体育学院学报，2003（5）：69－70.

⑥ 孙南．现代田径训练高级教程［M］．北京：北京体育大学出版社，2010：334－335.

续表

手段	目的	要求
扶栏杆快速转髋	发展下肢和髋的转动速度、力量和灵活性，体会旋转过程中单支撑—双支撑转动的技术及超越器械的肌肉感觉	双脚前后开立，上体前倾，左转斜对栏杆，双手扶栏杆上沿，右脚抬起向前绕弧线摆动，左脚蹬地，快速转动骨盆，以下肢和髋快速用力完成动作，结束时髋轴与肩轴扭成“十”字

（3）铁饼其他专项素质训练

有研究认为，在铁饼专项身体训练中应发展全身协调性、爆发力，并运用多种手段进行专项弹跳力训练、专项柔韧性训练和专项灵敏性训练。专项柔韧性是完善投掷铁饼技术的重要素质条件，其中主要是髋关节、肩关节和躯干的灵活性和肌肉的伸展性。主要练习手段有不同方向的大幅度转髋练习，腰部大幅度绕环练习，肩绕环、转肩、压肩练习等①。

4. 链球专项身体素质训练研究

（1）链球专项力量训练

力量素质是决定链球项目运动员竞技能力的主要因素。链球是投掷项目中的重投项目，力量是必不可少的。链球旋转加速和最后用力时人体要承受强大的离心力，要克服阻力增大身体的承受力，需要强大的腿部、腰部和肩部力量②。

链球项目的力量素质分为基础力量、速度力量和专项力量。高水平运动员以发展速度力量和专项力量为主。在力量素质的主要成分中，专项投掷力量对链球成绩的影响作用最大，速度力量次之，基础力量作用相对较小。

专项投掷力量是运动员在训练中采用比赛动作投掷不同重量的器械而获得的一种专门性力量，专项投掷力量训练的目的是以掌握正确的链球技术为前提，通过投掷各种不同重量的链球把获得的一般力量能力及时转化为专项力量能力。

速度力量对链球成绩的影响仅次于专项投掷力量，它反映了一个链球运动员所具备的爆发力的强弱。由于链球的运动是在人体首先转动下带动的，所以，人

① 田径教研室教材编写组．田径运动（下册）［M］．北京：北京体育学院出版社，1990：366.

② 骆川平，张燕玲．链球专门能力与专项能力探讨［J］．四川体育科学，1998（3）．

转快了，球速才能快。从整个掷链球的过程来看，运动员腿部动作的速度是加快旋转速度的关键，因此，速度力量对力量型运动员来说是非常重要的。

基础力量是指运动员完成投掷动作所需要的一般性肌肉力量，它对链球成绩的影响远低于专项投掷力量和速度力量。训练中经常采用负重深蹲、抓举、高翻、卧推等练习手段发展运动员的基础力量①。

发展旋转能力的训练手段包括投掷不同重量器械的专项力量、专项速度练习、持杠铃的专项力量练习和基础力量练习。掷链球是技术较复杂的田径项目，要求运动员专项力量强，基础力量大，旋转速度快，爆发力强，协调性与灵活性高，尤其是对运动员的专项力量素质要求较高。专项力量练习手段主要包括：投不同重量链球练习、投不同链长的重链球练习、投掷壶铃练习、肩负杠铃转躯干练习、转杠铃片练习、鞍马上转杠铃片练习等②。

链球运动员进行力量训练时，力量训练的方式、速度、肌肉收缩类型和力量大小等与专项投掷技术尽量保持一致，这样才能使参与训练的肌肉群的力量得到提高，才能把获得的力量效果转化成专项成绩的提高。只有符合专项动作特点的力量训练，才能促进专项能力和成绩的提高。在进行力量训练时，采用的训练方法和训练手段应与专项运动的特点高度结合，应正确处理力量训练与整个训练的关系③。

专项力量训练应注意的问题：①只有训练负荷大于运动员机体所能承受的负荷，才能使运动员的专项能力不断提高，适应更高水平的深度刺激；②要提高链球运动员的爆发力水平，增加运动员的核心力量，应在力量训练中先发展运动员机体的肌肉体积（在一定范围内），因为这是获得肌肉力量的基础，在此基础上，我们最后的训练方向就是提高运动员的爆发力水平；③专项能力应全面均衡发展，任何单一孤立的方法都难以有好的效果，必须以组合训练方法来刺激运动中枢和肌肉本身，使机体所产生的适应性生物改造更全面，提高肌肉工作的同步化水平，

---

① 孙有平．对力量素质与链球成绩关系的研究［J］．体育科学，1998（6）．

② 李晓雪．发展女子链球运动员旋转能力的训练手段［J］．中国体育教练员，2006（2）．

③ 戴兴鸿．对我国两名优秀女子链球运动员冬季准备期力量训练的研究［D］．北京：北京体育大学，2009.

改善运动中枢间的协调关系，提高专项能力的整体效果①。

（2）链球专项速度训练

专项速度反映运动员的专项动作速度与链球专项技术相结合的能力。专项速度的提高有利于完善运动员的专项技术，使技术动作形成高速度、快节奏、大幅度的技术特点②。

决定链球投掷成绩的主要因素表现为旋转速度。而提高旋转速度是技术问题，也是身体素质问题，两者是密不可分的，又同时体现在旋转速度上的两个方面。所以，训练中投掷5千克链球，既有助于提高专项动作速度，又能实现技术动作的速度“转移”，从而有效地发展旋转速度，提高运动成绩。

我们在发展链球运动员专项速度素质的同时，还要注意加强弹跳力和专项力量的训练，使素质发展的整体效应得到提高，进而有效地提高链球运动员的专项成绩③。

高水平链球运动员的速度训练主要指运动员反应速度、速度耐力和最大速度的训练。专项速度能力主要是指旋转速度和完成技术的动作速度训练，为提高运动员的专项能力而选取平时训练中的跑跳指标。由于投掷链球需要运动员具有很强的爆发力，因此在训练中要高度重视跑跳的训练。如进行单足跳、跨步跳、纵跳、冲刺跑等超等长训练，均可以提高运动员腿部爆发力④。

提高链球运动员旋转速度训练的方法主要有脚下快速反应练习、持器械练习。脚下快速反应练习包括：①左脚快速旋转180°训练；②右脚快速落地训练；③脚拨杠铃片练习；④半蹲快速转髋走训练；⑤双脚快速登台阶练习等。

持器械练习主要有：①快速预摆（抡摆）；②轻器械训练⑤。

链球项目的投掷远度取决于出手速度，而85%的出手速度通过旋转速度获得，所以，链球运动员的专项速度与专项成绩关系密切，专项速度是提高专项成绩的

① 万炳军，郭义军．我国高水平女子链球运动员专项能力控制研究［J］．北京体育大学学报，2011（3）．

② 王腊梅，张帅，赵妍．青少年女子链球运动员身体素质训练手段探析［J］．中国体育教练员，2016（2）．

③ 孙有平．对我国部分优秀链球运动员身体素质的探讨［J］．北京体育大学学报，1997（4）．

④ 万炳军，郭义军．我国高水平女子链球运动员专项能力控制研究［J］．北京体育大学学报，2011（3）．

⑤ 梁景权，丁晓磊．我国高水平女子链球运动员旋转速度训练方法［J］．中国体育教练员，2005（1）．

基础。专项速度素质训练与比赛动作要求相一致。应以左脚拨片旋转 180°，右腿绑沙袋做右脚快抬快落动作，掷 3 千克或 3.5 千克链球，投短于标准链长的链球等方法进行练习。这些训练手段能有效提高青少年运动员的专项速度。左脚拨杠铃片练习主要是发展运动员左脚快速旋转的能力。在旋转过程中，如果左脚旋转速度慢则会影响右脚完成后半圈旋转的速度；掷 3 千克和 3.5 千克链球主要是发展专项速度和形成正确的技术定型①。

（3）链球其他专项素质训练

链球项目对运动员的力量素质要求较高，旋转速度的复杂性要求运动员速度、协调、灵活、爆发等素质十分全面②。专项力量是结合链球项目特点及其技术特点，对运动员专项所需力量进行训练，作为身体训练，用来提高运动员全身的协调性、灵活性和快速反应、快速动员的能力③。

在掷链球旋转技术过程中，运动员的身体必须高度协调工作，具备全身协调快速用力的能力。链球运动员全身协调能力的强弱直接影响专项成绩。女子链球运动员在青少年时期可多做一些协调转动训练，如原地转髋、行进间转髋或将橡胶带固定在髋部、膝关节、踝关节进行局部专项动作对抗旋转练习，这些训练手段有助于发展青少年运动员协调旋转的能力④。

（二）有关田径快速力量性跳类项目专项身体素质研究

1. 跳高专项身体素质训练研究

跳高属于速度—力量主导型项目，要求运动员必须具备速度和速度力量、良好的柔韧与协调及一定的专项耐力水平⑤。

（1）跳高专项力量训练

力量是发展其他素质的基础，对完善技术有重要影响。专项力量指在绝对力

---

① 王腊梅，丁晓磊．青少年女子链球运动员身体素质训练手段探析［J］．中国体育教练员，2015（1）．

② 同①.

③ 万炳军，郭义军．我国高水平女子链球运动员专项能力控制研究［J］．北京体育大学学报，2011（3）．

④ 王腊梅，张帅，赵妍．青少年女子链球运动员身体素质训练手段探析［J］．中国体育教练员，2016（2）．

⑤ Willian J. Kraemer，Robert U. Newton. *Sports science exchange training for improved vertical jump.* Sports Exercise，1994（7）：6.

量或相对力量基础上，发展与跳高技术密切相关的快速力量，表现为支撑力、蹬伸力、摆动力。跳高专项力量要着重发展专项肌肉的力量和收缩速度，尤其是起跳的速度力量，其专项力量练习有负重、不负重及对抗练习。负重练习有杠铃、壶铃、哑铃、沙衣、沙袋、负重跳跃等，不负重有高跳、远跳、跳深、单足跳、跨步跳、拉杆跳等，对抗练习有跪仰挺髋练习等。专项力量练习应注意动作的速度与准确性，同时合理安排次数、组数、间歇等，负重与不负重交替进行，不能破坏技术动作的完整性①。跳高力量训练应注意要以发展爆发力为前提，协调发展其他部位力量，系统地进行摆动力量训练，弹跳训练要结合专项，训练强度大且动作速度快②。有分析认为，影响专项成绩的主要力量素质指标有腿部爆发力、躯干爆发力和腿部最大力量，要特别重视速度—力量与专项技术的结合③。任何单一力量都很难对运动员专项力量产生决定性的影响，并通过模糊数学的方法总结出三种专项力量：专项支撑力量、快速起跳力量、专项摆动力量④。跳高力量训练应遵循的原则是：环节—整体整合、速度—力量结合、力量专项化、循序渐进⑤。

（2）跳高专项速度训练

背越式跳高的专项速度包括助跑、起跳、过杆速度，提高助跑距离内发挥最快速度的能力，又要与起跳紧密结合，加快形成背弓及快速甩离横杆的速度。在有关速度素质训练手段的研究中，所有的研究都是针对绝对性速度进行训练，提高运动员在助跑时的速度，提高起跳时的速度转化率。

我国著名跳高教练胡鸿飞紧紧抓住背越式跳高技术具有“快速”特点这一核心问题，结合朱建华个人特点，在20世纪70年代就提出了“以速度为中心、力求技术与力量相平衡”的训练指导思想⑥。跳高运动员专项速度素质训练的方法、手段多种多样，表1－12是训练实践中常用的一些专项速度素质练习手段⑦。

---

① 孙守正．跳高［M］．北京：人民体育出版社，1996：70－71.

② Willian J. Kraemer and Robert U. Newton. *Sports science exchange training for improved vertical jump*. Sports Exercise，1994（7）：25.

③ 赵泽群．背越式跳高力量素质构成研究［J］．北京体育大学学报，2002（6）：862－864.

④ 王德平，赵连甲．现代背越式跳高专项力量训练手段的优化集成及对训练效果的实践研究——刍议现代背越式跳高专项力量训练理念［J］．体育科学，2003（1）：57－61.

⑤ 苏斌．背越式跳高起跳专项力量训练原则［J］．田径，2005（8）：44－46.

⑥ 苏斌．我国背越式跳高训练的新思路［J］．武汉体育学院学报，2005（8）.

⑦ 孙守正．跳高［M］．北京：人民体育出版社，1996：67－70.

表 1-12　跳高专项速度训练

速度	手段	要点
平跑	改进技术：小步跑、高抬腿跑 提高速度：加速跑、行进间跑、反复跑、徒手或持重物摆臂、阻力伞跑 改进节奏：跨栏跑、跳远练习	动作准确到位、自然放松，多种练习交替进行，避免疲劳
弯道跑	改进技术：弯道加速跑、行进间跑、变换频率跑，直道进弯道跑，弯道进直道跑 提高速度：计时跑、负重跑、重复跑、阻力伞跑 改进节奏：跨弯道栏	落脚准确、身体内倾，放松有节奏
蹬伸	原地纵跳摸高，短、中程助跑跳上高垫，短、中程助跑摸高，短、中程助跑跳远，双腿跳跃栏架，跳深，胶带提拉，快速斜板跑	原地跳注意控制膝关节角度（135°～150°）
摆动	上步快速摆臂、摆腿，短、中程助跑起跳触高物练习	保证幅度，用力短而快
过杆	高台起跳快速过杆，全程弧线助跑过杆，双杆练习，踏助跳板过杆	注意体会过杆动作

（3）跳高其他专项素质训练

专项耐力指运动员在训练及比赛中长时间持续大强度跳跃的能力。采取的手段主要有中等高度计数跳、反复升降杆跳、专项跳跃、中短程助跑过杆、全程助跑跳跃、测试与比赛等①。

专项柔韧性，专项灵敏、协调性素质对跳高运动员提高运动技术水平具有十分重要的作用。柔韧性训练应与力量、速度、灵敏等素质结合进行，才能使肌肉在运动过程中发挥较高的技能水平。跳高运动员常用的专项柔韧性练习手段有各种摆腿练习，各种形式的下肢摆振，大幅度体前后屈等。

发展跳高运动员灵敏、协调素质的练习主要有各种体操、技巧、游戏、各种

① 孙守正．跳高［M］．北京：人民体育出版社，1996：71－72.

球类活动等，手段包括垫上的各种滚翻、手翻、空翻，各种变换节奏的跑跳练习等。[①]

2. 跳远、三级跳远专项身体素质训练研究

（1）跳远、三级跳远专项力量训练

对远度跳跃项目而言，运动员需要完成由跑到跳的转换，需要腿部具有强大爆发力，因此应加强快速力量训练[②]。速度和跳跃相结合的训练手段是提高成绩的重要保证，为了提高跳跃能力，要重视提高最大力量。但肌肉力量的增加，也会对速度和爆发力产生不利影响，训练时应注意不过分增加肌纤维粗度和体积[③]。杠铃负重仍是发展最大力量和快速力量的手段。

最大力量常采用的训练方法有金字塔最大强度向心收缩、最大向心收缩力量练习、最大静力力量、最大离心收缩力量、离心—向心收缩力量、静力—动力练习。快速力量常用训练方法有短时间内快速连续下蹲、徒手或负重跳跃练习、快速跑练习。远度跳跃项目专项力量训练手段如表 1－13 所示。

发展反应力量常用手段有助跑摸高、单腿或双腿跳深及跳栏架、高低器械练习、杠铃快速蹲起、壶铃蹲跳等。发展力量时应注意以下问题：准备活动充分，提放杠铃动作准确，有必要的保护措施，杠铃练习后采取一定措施进行放松。先发展大肌群力量，后发展小肌群力量，注重各个部位协调发展，最大力量练习应多采用动力性练习，保持合理的动作节奏，注意动作幅度[④]。

在三级跳远运动员训练过程中经常会进行一些垫上练习、瑞士球、平衡板、气垫、悬吊、震动等练习提高运动员躯干力量。

发展三级跳远运动员起跳腿的超等长收缩能力是提高成绩的重要因素，同时要加强髋关节等长和向心收缩能力及膝关节退让收缩能力的训练，训练时应做到冲击负荷大，膝缓冲小，速度快[⑤]。快速力量训练应注意：所有下肢训练都要求运动员跳起，力量训练要注重动作幅度和动作速度。运动员做负重练习时，应穿有

---

① 田径教研室教材编写组．田径运动［M］．北京：北京体育学院出版社，1990：217－218.

② 李鸿江．三级跳远［M］．北京：人民体育出版社，2000：86.

③ 冈进野．跳远·三级跳远［M］．李鸿江，译．北京：人民体育出版社，2001：105－106.

④ 冈进野．跳远·三级跳远［M］．李鸿江，译．北京：人民体育出版社，2001：101－104.

⑤ 龙跃玉，周文耀．三级跳远运动员下肢专项力量训练中应注意的几个问题［J］．中国体育教练员，2001（1）：24－25，47－48.

弹性的运动鞋，以保护腰、膝、踝①。三级跳远运动员最需要的是快速力量，而又要以最大力量为基础，应指出力量训练的要求：注重提高肌肉间和肌肉内的协调，二者训练时负重有所区别，要将二者结合训练，将会有效提高协调性；注意负荷与动作速度的最佳组合，并与专项技术相一致，练习时要做到自然、放松②。

表 1－13　远度跳跃项目专项力量训练手段

最大力量	快速力量
深蹲、半蹲、坐蹲、抓举、膝上高抓、高提、斜蹲、高翻、卧推、负重单腿蹲起、器械坐姿伸膝、硬拉	负重弓步交换腿跳、负重弓步走、负重纵跳、负重半蹲跳、壶铃蹲跳、快蹲起、踝跳、俯卧收小腿、皮条摆腿、连续快速挺举、铃片摆臂

（2）跳远、三级跳远专项速度训练

远度跳跃项目的专项速度素质表现为在 40 米左右距离达到本人最高跑速的能力，在训练中以绝对速度为主③。速度素质分为移动速度和动作速度，发展移动速度常用的专项速度素质训练手段见表 1－14。

动作速度的快慢与神经传导速度、肌肉协调性、肌肉力量等有关。常采用的训练手段主要有快速高抬腿跑、快速摆臂、快速摆蹬、快频率的各种跑、跳练习，橡皮条摆臂、摆腿练习、负重跳、小重量快速蹬伸等。

进行速度训练时要注意以下几点：躯干直立，不得晃动，不得前倾或后仰；两臂前后用力摆，摆臂幅度不要过大；为了防止跑的动作变形，最好采用 95% 左右的强度；速度练习通常在状态较好时进行，注意培养放松感，避免动作僵化；训练手段、负荷安排多样化，避免出现速度障碍④。

助跑速度是获得优异成绩的重要因素，应把助跑速度训练放在重要位置；不能单一发展绝对速度和绝对力量，应采取多种方法和手段发展速度力量。快速跳

① 郭元奇，郑红军，罗一青．三级跳远专门力量训练［J］．田径，2001（3）：31.

② 余丁友．高水平三级跳远运动员的力量与速度训练探析［J］．浙江体育科学，2004（2）：49－51，58.

③ 李鸿江．三级跳远［M］．北京：人民体育出版社，2000：83.

④ 冈进野．跳远・三级跳远［M］．李鸿江，译．北京：人民体育出版社，2001：93－94.

跃练习应注意以下几点：最初开始采用5~6步助跑，随着运动水平的提高，可增加助跑步数和速度；可先在松软的地面上进行，适应一段时间后再进行跑道练习；注意练习要循序渐进，先增加练习数量，然后逐渐增大强度；任何动作开始阶段先要求正确的动作幅度，然后逐步提高动作速度①。最大位移速度和动作速度对三级跳远的影响较大，速度训练应注意改进跑的技术及优化训练组合；速度训练应与专项技术结合，避免脱节；尽量在运动员体力较好时进行训练②。速度训练时应注重速度—节奏的转换，二者不是独立存在的；良好的速度节奏可以减少速度的损失，提高利用率；通过良好节奏获得最佳水平速度，降低三跳水平速度损失，是速度训练的出发点③。

表1－14 远度跳跃项目专项速度训练手段

手段	手段
跑的专门练习：小步跑，半高抬腿跑，高抬腿跑，车轮跑，折叠跑，后蹬跑；小步跑过渡到加速跑、标记跑：20~25米，15~20米，20~30米，10~15米标记跑	不同距离速度跑：起跑，加速跑，行进间跑，冲刺跑，变速跑，间歇跑，反复跑，放松大步跑，30~300米跑，台阶练习
跨栏跑、牵引跑、拖重物跑	上、下坡跑练习，重复跑，间歇跑

（3）跳远、三级跳远其他专项素质训练

柔韧与协调素质对远度跳跃选手有很重要的作用，灵敏性和协调性是相辅相成的，它是以力量、速度、柔韧等素质为基础的。因此，灵敏性和协调性素质的发展不是单一的，而是与发展力量、速度、柔韧等素质同步进行的。

专项柔韧与协调训练可提高运动员对肌肉的控制能力，同时也能加强自我防护，防止运动损伤。在助跑过程中，运动员平均速度接近每秒10米，在起跳一瞬间，要求身体各个部位相互配合，准确完成技术动作，这就需要运动员有高度的

① 郭元奇，郑红军，罗一青．三级跳远专门力量训练［J］．田径，2001（3）：31.

② 余丁友．高水平三级跳远运动员的力量与速度训练探析［J］．浙江体育科学，2004（2）：49－51，58.

③ 邓卫权．三级跳远运动员速度—节奏问题探析［J］．华东交通大学学报，2004（6）：160－163.

协调性，良好的协调性也可以提高运动员对下肢的控制能力，增强时间、空间感觉。发展协调和柔韧的常用方法有压腿、摆腿、踢腿，武术中的基本功练习，健美操、韵律操，球类练习。练习时要注意动作速度、幅度、节奏①。

3. 撑竿跳高专项身体素质训练研究

(1) 撑竿跳高专项力量训练

强有力的肌肉力量对撑竿跳高运动员取得好成绩有很大作用，由于撑竿跳高的项目特点，要求运动员以最大强度完成动作，因此应着重发展快速力量。在发展躯干、大腿等大肌群力量时，也要重视发展手臂、手掌、踝、小腿等部位的力量，如左臂力量差就做不好持竿助跑动作，手掌力量差就做不好握竿动作②。

在发展撑竿跳高运动员的肌肉力量时，应优先发展相对肌肉力量、爆发性的肌肉力量，同时要注意肌肉力量和肌肉间调整、协调能力③。

撑竿跳高运动员要具备良好的快速力量水平，这不仅对跑速和起跳有促进作用，对竿上的动作质量也有积极作用，其快速力量的表现形式为爆发力，在训练时应注意负荷与速度之间的关系，要注意动作完成的速度。爆发力的训练形式分为负重和不负重练习，如表 1－15 所示。

表 1－15 撑竿跳高运动员专项力量素质训练手段

形式	手段
负重练习	杠铃：半蹲、全蹲、卧推、抓举、挺举 负重体操：沙衣引体、倒立推起、单杠收腹举腿 负重吊绳：沙衣爬绳、倒悬垂爬绳、摆动举腿
不负重练习	跳跃：单足跳、跨步跳、跳远起跳、跳深 辅助练习：引体、倒立推起、单杠收腹举腿、爬绳、肋木举腿
器械体操	各种体操器械上的支撑、摆动、拉伸、平衡等练习

① 李鸿江．三级跳远［M］．北京：人民体育出版社，2000：99－106.

② 胡祖荣．撑竿跳高［M］．北京：人民体育出版社，1984：37.

③ Maurice Houvion. 撑竿跳高的专项力量练习［J］．孙玉录，译．安徽体育科技（欧洲教练员会议论文报告），1985（4）.

同时，竞技体操对撑竿跳高运动员专项力量的提高有很大的促进作用，如侧手翻、前后手翻、前后空翻、倒立、后滚翻倒立等，单、双杠及吊环中的摆振、倒立、翻转、屈伸、回环等。

（2）撑竿跳高专项速度训练

快速的持竿跑能力是优秀撑竿跳高运动员最基本的专门素质，这一能力的获得取决于运动员短跑速度的提高和持竿跑技术的改善①。撑竿跳高运动成绩随助跑速度的提高而上升，因此，助跑速度是决定其成绩的核心②。撑竿跳高运动员的专项速度包括专项位移速度与专项动作速度。专项位移速度包括持竿助跑加速度、最大速度、最后 5 米均速、插竿垂直速度与水平速度，专项动作速度包括时空结构动作速度和技术结构动作速度③。

21 世纪以来，撑竿跳高成绩的不断提高，除了竿子的演变和技术的发展外，与助跑速度的不断提高有着密切的联系，助跑速度越快，通过起跳传递给撑竿的动力就越大，竖竿和摆体的速度就越快，腾跃的高度也就越高④。有专家指出，我国女子撑竿跳高的助跑速度还有很大的提升空间，在今后的训练中应加强女子撑竿跳高持竿助跑速度的训练⑤。我国也有专家从理论和实践上证明，助跑速度是撑竿跳高的动力链上的第一环节，它会影响后续的每个技术环节，是制约撑竿跳高运动成绩的关键因素⑥。通过对我国优秀运动员刘飞亮和杨雁盛助跑起跳阶段的速度利用率进行分析后提出，今后训练中应注意助跑节奏及起跳技术的训练⑦。

（3）撑竿跳高其他专项素质训练

撑竿跳高运动员不仅短跑成绩要优秀，而且还要是一名跳远高手。撑竿跳高

---

① 田径教研室教材编写组．田径运动［M］．北京：北京体育学院出版社，1990：314.

② 谢慧松，周铁民，葛蕴．撑竿跳高运动员助跑速度与其成绩的关系研究［J］．山东体育科技，2007（3）：1－3.

③ 王代才．我国撑竿跳高运动员的助跑速度问题［J］．成都体育学院学报，1983（2）：35－38.

④ 葛蕴，沈兆喆．高水平撑竿跳高运动员专项速度训练模式研究［J］．山东体育学院学报，2010（7）：60－62.

⑤ 曹雅琴，李世明，刘运祥，等．女子撑竿跳高持竿助跑与起跳的速度特征［J］．成都体育学院学报，2004（3）．

⑥ 谢慧松，周铁民，葛蕴．撑竿跳高运动员助跑速度与其成绩的关系研究［J］．山东体育科技，2007（9）．

⑦ 田敏，程昊，陆宇明．我国优秀男子撑竿跳高运动员助跑起跳速度利用率研究［J］．山东体育学院学报，2012（3），73－76.

运动员应多练习与专项有关的田径项目，包括短跑、跨栏、标枪等，这些项目有利于提高专项素质，在训练时可同专项运动员一起训练，能收到明显的效果①。撑竿跳高时撑竿会把运动员弹到很高的位置，在空中做动作时，要求运动员有良好的协调能力，协调能力对运动员合理完成技术动作有重要的影响，它可以使运动员凭借自身良好的感觉，把握过杆的最佳时机，而蹦床练习是发展协调能力的常用手段②。协调是指运动员在训练或比赛时，身体各部位配合一致，合理、迅速、敏捷地完成动作的能力。发展协调能力应注意以下几点：注重身体与器械在时间、空间上的配合；增加运动技能储备；注重身体素质的全面发展，多选择综合性练习，如器械体操；9～14 岁是协调素质发展的敏感期，应在此阶段加强协调性练习③。

加强柔韧性练习，可使韧带、肌腱更富有伸张力，当运动员达到较高水平时，发展柔韧素质就显得尤为重要，它对运动员采用高膝式助跑及起跳时积极送髋都有重要的作用④。

三、有关田径耐力性项目专项身体素质训练研究

（一）中长跑专项身体素质训练研究

1. 中长跑专项力量训练

中长跑需要速度、力量、耐力的有机结合，并与专项技术相融合，以保证步长、步频及动作节奏的稳定性，促进专项速度耐力水平的提高。中长跑力量训练的要点：训练要全面均衡，过程要循序渐进，练习要科学，静力、动力练习相结合，练习与专项技术相符，负荷量与负荷强度要适宜，注重培养放松能力，加强节奏感的训练⑤。中长跑力量训练时应注意：重视与专项技术相符的跑、跳力量练习，注意各肌群力量的平衡发展，不同的力量训练方法交替进行，培养放松能力，提高机体协调能力⑥。中长跑力量训练的注意事项：重点发展腿部力量，辅以发展

① 胡祖荣．撑竿跳高［M］．北京：人民体育出版社，1984：36.
② 同①37－38.
③ 中国田径协会．中国青少年田径教学训练大纲［M］．北京：北京体育大学出版社，2009：78.
④ 胡祖荣．撑竿跳高［M］．北京：人民体育出版社，1984：37.
⑤ 何少盈．中长跑运动员力量训练八要［J］．田径，1999（10）：17－18.
⑥ 阮宜杰．中长跑专项力量训练方法的研究［J］．体育科技文献通报，2007（9）：9－10.

躯干和上肢力量；动力、静力练习相结合，以动力性练习为主；注意大小肌群力量的平衡发展；力量训练后采取以牵拉为主的放松练习①。比赛前期应注重力量耐力的训练，在比赛期也要保持一定的负荷量，重大比赛前可适当减量，使运动员保持良好的状态。中长跑专项力量训练的要求：跑跳结合提高腿部专项力量，负重练习提高专项力量，多种练习组合提高专项力量②。

2. 中长跑专项速度训练

中长跑运动员的速度素质是影响速度耐力水平和最终运动成绩的决定性因素之一。加强对运动员心理及机能状态的检查，开展跨学科多结构的咨询，速度训练与力量训练相结合③。速度训练应接近短跑训练，并贯穿整个训练过程，耐力跑要有一定的速度，抓好速度节奏化④。当前中长跑的特点是全程速度提高，重视起跑与冲刺，通过无氧及混氧训练来提高代谢能力，加强力量耐力训练，重视营养与恢复⑤。中长跑速度训练的方法与手段：采用脉搏控制垫底速度基础，利用多种手段提高绝对速度，注意突破速度障碍，以短促长来提高专项成绩，科学安排负荷结构，培养良好的速度感。在训练中应注意以下几点：进行速度训练要保证身体肌肉状态良好，帮助运动员克服心理极限，使其在比赛中更有信心⑥。速度训练要注重肌肉的放松，肌肉张弛有度，可降低肌肉自身的黏滞性，血液流动更为通畅，进而增大输氧量，加快能源物质的合成，提高身体机能⑦。

3. 中长跑专项耐力训练

专项耐力素质是中长跑运动员的关键素质之一，是保持持续跑进的能力。在中长跑运动员的训练中多采用间歇、重复训练法，以提高运动员有氧和无氧耐力，根据训练任务的不同，练习的距离通常在200～2000米，训练强度控制在瞬时心率

---

① 丛林，朱静华．中长跑运动员的力量训练［J］．田径，2009（5）：6－7.

② 马晓鸿．中长跑运动项目的专项力量训练［J］．田径，2013（7）：46－47.

③ 姜丽．对提高中长跑运动员速度素质的思考［J］．沈阳体育学院学报，1995（1）：45－47，58.

④ 王立成，庄丽杰．对少年中长跑运动员速度能力训练的探索［J］．中国体育科技，1999（6）：25－27.

⑤ 贾昌志，王志勤，刘建立．优秀中长跑运动员的速度特点及其训练［J］．首都体育学院学报，2002（3）：52－54.

⑥ 许应荣．中长跑运动员的速度训练［J］．浙江体育科学，2005（1）：63－65.

⑦ 同⑥.

150～200 次/分，血乳酸在 4 毫摩尔/升以上①。中长跑属于体能主导类项群，训练中应以有氧耐力为基础，可采用高原或跑山训练法，增大心脏容积，随后进行混合、无氧训练②。同时，力量耐力是中长跑的关键，力量耐力水平的提高，可促使心肺系统及其他身体素质的全面提高，促进速度力量的结合，使身体更加稳定、动作更为放松，最后指出力量训练要结合专项特点③。力量耐力可全面促进身体素质的发展，青少年时期的力量耐力训练可为今后的专项耐力训练奠定良好的基础④。

要发展有氧耐力，首先应提高最大摄氧量。训练时可让运动员连续运动较长时间，通常多于 30 分钟，匀速、变速均可，水平较高的运动员最长可至 120 分钟。而在发展无氧与混合耐力时，多采用间歇、重复、变速训练法⑤。发展耐力素质应注意：体现耐力练习的个体化，注意呼吸节奏和深度，调动运动员的积极性，注意有氧与无氧的结合⑥。要抓好速度耐力的训练，由于中长跑的特殊性，要求运动员既要具备速度耐力，也要具备绝对速度。有教练员专门设置一套训练方法，用短距离跑（30 米、60 米）代替传统的练习（150 米、200 米），并将训练频次提升至每周两次，在训练成绩上有了一定的提高⑦。

发展速度耐力的几点要求：必须重视绝对速度的提高，结合专项特点进行速度训练，短距离反复跑可有效提高运动员的速度耐力，合理选择速度耐力的力量训练手段，训练要有针对性和实效性⑧。

4. 中长跑其他专项素质训练

灵敏素质训练应重视培养运动员的时间与空间感、节奏感和肌肉放松能力，主要可采用以下手段：结合专项技术的各种专门练习，如小步跑、快速原地交换踏脚、高抬腿等；其他田径项目练习，如跨栏；各种游戏、球类运动及体操。中

---

① 中国田径协会．中国青少年田径教学训练大纲［M］．北京：北京体育大学出版社，2009：31.

② 阚宏军．中长跑训练应该掌握的几种必要条件［J］．运动，2014（5）：50－51.

③ 马永红．现代中长跑运动员的基础训练——力量耐力［J］．辽宁体育科技，2002（1）：7－10.

④ 郦伟荣．青少年中长跑运动员力量耐力训练方法的研究［J］．运动，2012（19）：32－34.

⑤ 丛林，朱静华．如何发展中长跑运动员的专项耐力［J］．田径，2006（9）：6－7.

⑥ 董衍江．中长跑发展耐力素质练习时要注意的事项［J］．田径，2015（6）：4－5.

⑦ 李锐，等．抓好速度耐力，突出强度，提高密度——高校中长跑训练方式之谈［J］．成都理工大学学报，2011（3）：76－79.

⑧ 梁和记．中长跑的速度耐力训练初探［J］．中小企业管理与科技（下旬刊），2011（1）：152－153.

跑柔韧素质也不可缺少，并应贯穿整个训练过程，柔韧水平对技术的完成效果有直接影响。柔韧训练主要采用静力拉伸与动力拉伸，手段有以下几种：利用自身重力进行的屈体、拉肩等，压腿、踢腿等柔韧练习，利用器械的伸展练习。

（二）竞走项目专项身体素质训练研究

竞走属于周期性耐力项目，其运动成绩的优劣是由专项身体素质水平和技术水平的高低决定的。尤其是在国际大赛中，专项身体素质水平对运动成绩的作用尤为突出。

1. 竞走专项力量训练

竞走是一项由单脚支撑和双脚支撑相交替，两腿交互前进的周期性运动，此项目对运动员的肌肉力量及运动员自身耐力都有着很大的挑战，因而对竞走运动员而言力量训练显得极其重要①。

竞走运动员一般力量练习主要包括发展脚踝部、腰背部肌肉力量的练习。具体练习方法很多，如负杠铃练习、仰卧摆腿、仰卧起坐、直膝跳、原地弓箭步跳、俯卧撑或双杠双臂屈伸等②。常用的发展力量耐力的手段是以能量代谢为依据的循环练习和各种不同的形式，如长距离的走的专门性练习；跳的练习，包括连续跳跃练习——发展腿部力量耐力、连续单腿交换向上跳、连续跨步跳——发展腿部力量耐力、连续蛙跳——发展腿部与整体的协调力量耐力；综合力量练习——发展整体力量耐力和速度力量耐力及协调能力③。

发展竞走运动员专项力量训练的主要方法有：（1）坡路走。要求上坡时用力后蹬，加快摆臂，下坡时放慢速度，加快动作步子频率。（2）负重公路场地走。要求对运动员的附加重量要严格控制，最大值不得超过体重的浮动参数，即运动员一个年度内最大体重和最小体重之差值。（3）长时间连续跳。（4）综合力量练习④。

发展竞走运动员的快速力量素质可采用短距离的冲刺走、上坡走、跳台阶和轻重量、次数少的练习等，发展力量耐力的常见方法是以能力代谢为依据的循环

① 石恒华．竞走运动员力量训练探讨［J］．科技风，2016（7）．

② 张学智．竞走运动员身体素质训练的探讨［J］．西部体育研究，2011（4）．

③ 郝淑娟．浅析少儿竞走运动员的身体素质训练［J］．少儿体育训练，2007（3）．

④ 姚国柱．竞走运动员的身体素质训练［J］．少儿体育训练，2005（2）．

连续和不同形式的专门练习①。

2. 竞走专项速度训练

对竞走运动员来说，专项速度就是指速度耐力，它是指运动员最大限度发挥和保持速度的能力。速度耐力是竞走运动员的灵魂，一切训练都应围绕提高运动员速度耐力进行②。加强竞走运动员的速度训练是提高竞走运动成绩的关键。在比赛中许多时候仅是分毫之差。速度能够体现运动员的综合素质③。在当代的比赛中竞走比的不但是耐力，而且更多比拼的是速度。其中速度力量是速度和力量结合的一种特殊的力量素质，是决定比赛胜负和运动成绩的关键④。

竞走速度训练一般采取接近专项、短于专项的大强度的竞走练习。训练方法包括变速训练法和重复训练法。变速训练法，变换的距离和负荷强度应根据运动员的专项成绩和实际情况灵活运用。在场地训练，主要以定距离的段落为单位。重复训练法，距离一般在 2 ~8 千米，负荷量接近或短于比赛距离，负荷强度应达到或超过比赛的速度⑤。

在全年的训练中，应有计划、有目的地进行速度耐力练习。其训练强度为 80% ~95%，方法有以下几种：持续走的方法，如要求运动员在 80% ~85% 之间的强度匀速走完 3 ~6 千米；重复走的方法，如（4 ~5 个） ×400 米，要求运动员每个 400 米要在规定时间内完成，间歇 5 分钟，采用重复走练习，选择的段落应短于专项距离；间歇跑的方法，如 6 个 ×200 米，要求每个 200 米在 30 秒完成，慢跑 200 米作为间歇⑥。

3. 竞走专项耐力训练

竞走运动员的专项耐力水平对运动成绩起到决定性作用。首先应把发展乳酸

① 高阳. 少年竞走运动员基础训练阶段的身体素质训练［J］. 哈尔滨体育学院学报，2014（2）：81－83.

② 马元旦. 竞走运动员速度素质训练的探讨［J］. 田径，2013（11）.

③ 仁贵，王林. 竞走运动员速度训练的若干思考［J］. 当代体育科技，2017（11）.

④ 马元旦. 竞走运动员速度素质训练的探讨［J］. 田径，2013（11）.

⑤ 张学智. 竞走运动员身体素质训练的探讨［J］. 西部体育研究，2011（4）.

⑥ 同④.

能速度作为训练的主体；其次是提高乳酸能代谢的最大速度①。

竞走运动员耐力训练中的匀速训练一般会设置在训练的开始阶段，随着身体机能的提升，速度逐渐提高。根据运动员的身体状况，一般匀速训练应在30分钟以上，运动强度不宜过大，达到比赛的80%即可。另外，耐力训练还有分解训练法、间歇训练法、重复训练法、持续训练法、测验或者比赛心率法②。

青少年竞走运动员主要以有氧耐力训练为基础，通过训练提高青少年运动员的心脏容量，增加脉搏输出量从而增加肺活量，提高最大摄氧量，所以青少年竞走运动员要以快速提高心脏机能的练习方法，让心率保持在150次/分左右，可以采用越野走、"S"走、"8"字走、匀速走、匀速跑等训练方法。耐力训练要以一定的速度来约束，同时耐力也是竞走项目的基础，但采用什么速度去练是关键，这就要求教练员要根据队员的实际情况制定相应的速度③。

关于对竞走耐力素质高原训练的研究，Kollas和Buskirk通过多年的高原训练实践提出了进行专项耐力素质训练时在不同高度的运动负荷原则：若采用最大强度的80%进行训练，高原的训练强度只能安排在60%左右，3000米的训练强度为55%，4000米的训练强度就不能超过40%了。

4. 竞走其他专项身体素质训练

竞走运动员的髋关节应具备一定的柔韧性，协调、柔韧素质训练不是单独进行的，而应贯穿运动训练的全过程，体现在每一个训练手段的训练要求上④。

身体训练是以发展运动员的上肢、下肢等躯干力量为主，同时配合肩关节、膝关节、踝关节等的灵活练习。身体训练中对上肢的训练一般是采用摆臂模仿竞走练习或者进行负重方式练习。提高躯干力量可采用在沙滩或者雪地进行竞走练习。髋关节的训练可以采取原地模仿转髋练习。加强竞走运动员身体训练一般采取的方法有侧身行进转髋、行进间转髋交叉走、两手抱头练习、十字交叉跳、弓步跳等各种练习。在练习中需要注意的是以发展薄弱环节为主，实现身体素质的

---

① 哈格伯格，科伊尔．决定竞走运动员耐力成绩的生理因素分析［J］．邢华城，译．安徽体育科技资料，1984（03）．

② 仁贵．对竞走运动员专项体能训练的几点思考［J］．当代体育科技，2017，7（17）．

③ 孙超．青少年竞走运动员的身体素质训练［J］．当代体育科技，2017，7（33）．

④ 哈格伯格，科伊尔．决定竞走运动员耐力成绩的生理因素分析［J］．邢华城，译．安徽体育科技资料，1984（03）．

全面提升和平衡发展①。

结合协调性、柔韧性练习，在训练课开始前让运动员通过各种球类、体操或田径的其他项目练习，发展运动员的协调性和柔韧性②。加强竞走运动员柔韧素质的方法和手段有：分腿侧压、劈叉下压（竖劈与横劈）、弓步侧压、坐式腹股沟拉伸、前弓步、手扶肋木摆腿、行进间踢腿、体转运动、体侧运动、俯卧收膝、仰卧举腿、扩胸运动、站立体前屈、两侧体前屈、甩腰、肋木压肩等③。

（三）马拉松项目专项身体素质训练的研究

全程 42.195 公里的马拉松比赛，要求运动员以最短的时间通过终点，是典型的以有氧供能为主的体能主导类周期耐力运动项目。优秀马拉松运动员比赛的平均速度在个人无氧阈速度的 98% ~102% 范围内。比赛中的速度也不是单一的匀速运动，要求运动员具备长时间高速奔跑能力的同时具有适应变速跑的能力。比赛中有氧代谢系统的能量供应占 95% 以上，然而单纯依靠糖原不足以完成比赛，需要脂肪作为能源物质参与到供能过程中，并且脂肪的供能速率低于糖，产生相等能量比糖的有氧代谢需要更多的氧气。因此，需要糖脂在有氧代谢的情况下协调供能，保障运动员高速前进的同时后程不降速④。

1. 马拉松专项力量训练

力量训练对马拉松运动员来说是十分重要的，只要方法、手段运用得当，就能取得理想的训练效果。马拉松运动员进行力量训练的作用主要有以下几个方面：

第一，力量训练可以提高运动员的一般力量水平，有助于身体素质的全面发展。

第二，力量训练可以有效发展运动员的力量耐力，有助于专项成绩的提高。

第三，力量训练可以发展运动员的速度力量，有助于提高运动员的加速和冲刺能力。

---

① 仁贵．对竞走运动员专项体能训练的几点思考［J］．当代体育科技，2017（17）．

② 马元旦．竞走运动员速度素质训练的探讨［J］．田径，2013（11）．

③ 陈文佳．对我国优秀女子竞走运动员王丽萍四个训练阶段年度训练安排的研究［D］．北京：北京体育大学，2005.

④ 陈林明，王林，殷治国，等．马拉松训练理论文献综述［J］．运动，2015（17）．

第四，力量训练可以增强运动系统的功能，有效预防运动损伤的发生①。

马拉松训练安排要符合专项技术特点，重视专门力量训练，提高运动员的下肢支撑力量耐力肌群、各关节力量耐力和核心区域肌肉力量训练，具体的训练方法和手段有跳绳＋综合力量练习（单腿跳等跳跃练习、跳绳等＋俯卧撑等）、行进间跑的专门性练习、垫上素质练习（仰卧起坐、俯卧两头起等腰背肌练习）、桥式训练、俯卧支撑训练、侧向支撑训练等。训练要求是每组保持 20 秒，每组持续时间 20 秒，1 分钟做 2～3 组，对优秀选手要求持续时间更长②。

现代马拉松项目的训练更加注重专项力量训练，因为只有使力量练习与技术训练紧密结合，才能达到提高运动成绩的目标。主要方法和手段包括：（1）上坡跑：要求坡度 15 度以下，长度 1000 米；（2）负重跑：穿负重沙背心（禁止踝关节处绑沙袋负重），负重重量要轻，跑的距离根据个人能力决定。最好在草坪上练习，以保护膝关节和踝关节；（3）软地跑：软地通常指沙地、草地、泥土地及雪地。目前，世界级优秀马拉松运动员都将软地跑作为专项力量训练的一个重要内容③。

2. 马拉松专项速度训练

研究表明，优秀马拉松运动员制胜的关键在于具有很好的有氧能力和速度能力④。速度与耐力是马拉松运动员必备的条件，速度训练与比赛时的速度分配特征变得越来越重要，应采用多种方式加强速度训练，以提高 5000 米、10000 米跑的速度水平，为马拉松跑奠定速度基础；加强速度节奏感的培养，提高控制速度的能力，采用匀速跑是运动员创造个人好成绩的最佳选择。马拉松运动员的训练应十分重视速度和耐力训练，一名优秀的马拉松运动员往往是一名十分出色的中长跑选手⑤。

在马拉松全程比赛的过程中，要注意对跑速的调节，尽量减少跑速的波动，节省体力。客观冷静地对战术进行分析，借鉴世界优秀马拉松运动员对战术的分

---

① 丛林．马拉松运动员的力量训练［J］．田径，2014（2）．

② 王林．马拉松项目的特点及训练思路［J］．中国学校体育，2006（5）：46－47．

③ 丛林．马拉松运动员的力量训练［J］．田径，2014（2）．

④ 曹阳．我国马拉松运动员专项体能训练探讨［J］．湖北体育科技，2012，31（5）．

⑤ 张艳平，翟丰．马拉松运动员的速度训练与速度分配特征［J］．辽宁体育科技，2002（8）．

布和规划，并进行有针对性的战术安排和训练[1]。马拉松训练的特点是大运动量训练是基础，有氧利用脂肪的能力在马拉松训练中很重要；要提高有氧利用脂肪能力，最好的方法是用接近最大脂肪消耗率时的速度进行大运动量训练，其距离在20公里左右，血乳酸浓度稍低于2毫摩尔/升[2]。

马拉松训练的主要方法可分有氧耐力、混氧和无氧耐力训练[3]。提高有氧能力必须对运动员进行适应性改造，控制好训练强度，提高机体摄氧能力及运输、利用氧的水平，注重高原训练。提高速度能力包括通过最大摄氧量强度下的耐力跑和法特莱克训练方法的运用，尤其是变速跑需要进行专门训练[4]。

提高马拉松选手的速度应更好地控制分段速度，并应做到以下几点：（1）不要人为地将马拉松和中长跑的训练分割开来，而是要紧密结合在一起。运动员一开始训练不要跑很长的距离，以免形成慢的动力定型，而是应打好速度基础，尤其要打好3000米、5000米、10000米、20000米的速度基础。（2）要增加高原、丘陵、山坡的训练，以增强运动员的心肺功能和腿部力量，这对提高速度是极为有利的。（3）增加马拉松选手参加5000米、10000米、20000米及异程接力等多种形式的比赛；增加有效距离的跑量、增加场地训练次数。（4）培养马拉松运动员控制速度的能力，加强心理训练[5]。

3. 马拉松其他专项身体素质训练

从训练学的角度分析认为，影响马拉松运动员竞技能力发展的重要运动素质方面包括：（1）高水平的有氧能力（最大摄氧量和无氧阈水平）。（2）理想的体重与肌肉力量比例。（3）良好的速度和速度耐力水平。应特别重视高原与平原、场地与公路等的交替训练，重视较长距离的上坡跑训练。通过间歇跑、间歇重复跑组合提升马拉松运动员的速度耐力水平，较短距离的重复跑提高冲线速度能力[6]。同时，全面身体素质训练是马拉松训练的重要部分，特别是在训练周期的基

---

① 李燕．我国女子马拉松最佳体能分配模式研究［D］．山东：山东师范大学，2010（6）．

② 张娟．马拉松训练的特点［J］．辽宁体育科技，2000（6）：12－13.

③ 邱慧娟．浅谈马拉松供能与训练［J］．中国教师，2007（11）：40.

④ 曹阳．我国马拉松运动员专项体能训练探讨［J］．湖北体育科技，2012，31（5）．

⑤ 夏伟恩，夏东茄．从分段成绩看马拉松选手［J］．田径，1996（6）：35－37.

⑥ 焦芳钱，刘大庆，王林．中国女子马拉松项目特点及训练规律研究［J］．北京体育大学学报，2014（2）：131－133.

础训练阶段。马拉松运动员常用的身体训练方法有：（1）小幅度的多级跳：6～8组，每组50～200次，发展肌肉弹性与耐力。（2）柔韧性练习。（3）循环组合练习[①]。

① 孙长江．女子马拉松运动员的训练［J］．田径，1994（5）．

第二章　田径运动专项身体素质训练的理论基础及组成结构

第一节　专项身体素质训练的机理特征

为了更清楚地认识专项身体素质训练的本质特征，有必要对专项身体素质训练的机制原理进行深层次的剖析。

有关对力量训练专项化结构的研究认为："专项力量训练过程不仅关联有能量代谢因素、动作力学因素，还有神经—肌肉系统因素。这些因素的'集成'决定了专项化训练的程度与效果①。"也有研究认为："专项力量训练主要应从神经—肌肉系统的工作和肌肉工作时的能量供应两方面满足或尽可能接近'专项'②。"上述研究虽然仅从力量角度对专项力量结构特征进行了分析，并不是针对整个专项身体素质训练，但力量是运动产生的源泉，身体的任何部位运动都是因为先产生力量才发生变化的。因此，专项力量训练的机理特征完全可以扩引到专项身体素质训练机理特征中，即可以从神经支配特征、机体能量代谢特征和运动力学特征剖析项目的专项机理特征。同时我们认为，肌肉收缩形式特征也应成为专项身体素

① 林岭．现代运动训练新理念、新方法［M］．北京：北京体育大学出版社，2013：55.

② 陈小平．竞技运动训练实践发展的理论思考［M］．北京：北京体育大学出版社，2008：107.

质训练中参考的特征之一。试想一个超等长收缩形式的肌肉运动，采用同一种训练方法、手段，如果在可以采用超等长练习时，而仅采用向心收缩形式进行训练，显然会影响训练的“实效性”。

专项身体素质训练是对机体施加刺激产生专项性适应的过程，这种专项性适应不仅包括对专项的运动力学外显特征的适应，而且包括对专项的神经支配特征、肌肉收缩形式特征和机体能量代谢特征的机体内隐性适应。

基于上述分析，我们对田径运动专项身体素质训练机制应包含哪些机理特征进行了专门的研究。结果表明，田径运动专项身体素质训练机理特征主要包括神经支配特征、能量代谢特征、肌肉收缩形式特征和运动力学特征。同时，神经支配特征、能量代谢特征及肌肉收缩形式特征应归为内隐性特征，而运动力学特征则应归为外显性特征。（图 2 －1）

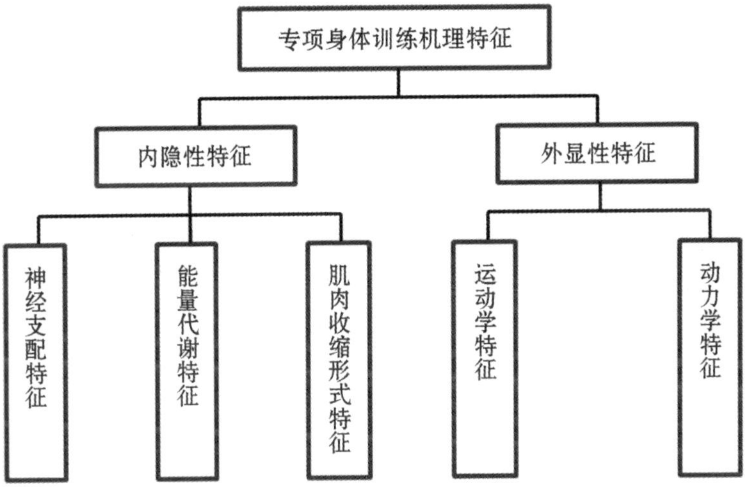

图 2 －1　专项身体素质训练机制原理特征示意图

一、神经（支配）结构特征

体育运动中任何项目都是由多肌群、多关节、多组织、多系统共同参与完成的动作集成显现；都是在神经系统的精密支配下协同完成的；但不同的项目具有不同的神经支配机制特征，因此，在专项身体素质训练过程中，必须对专项的内部神经支配机制进行专门训练，使其训练方法、手段要表现专项所需的神经支配特征。有研究认为："专项力量训练时，首先应确定目标运动的专项化神经肌肉特征，再去安排用以提高专项力量的各种抗阻力练习。神经系统对专项化力量训练的适应性变化表现在神经冲动发放的效率、募集肌纤维数量与速度及肌肉（群）协调能力改善上[①]。"也有研究者认为，运动神经对肌肉收缩的支配作用主要体现在三个方面：（1）募集作用；（2）提高运动单位的兴奋性；（3）肌内和肌外的协调[②]。

根据上述学者的观点，结合运动生理学综合分析表明，专项的神经支配能力决定着专项的神经冲动发放的频率、强度、同步性及支配不同肌群的神经所发放神经冲动的顺序等。神经冲动发放的频率和强度决定着运动单位募集的速度和数量，神经冲动发放的一致性决定着肌内协调，支配不同肌群的神经所发放神经冲动的顺序决定着肌群间的协调。在实际的运动中，单位时间内最大限度募集运动单位数量的能力及神经冲动发放的一致性程度就表现为快速力量和最大力量能力；神经保持长时间发放冲动的能力就表现为力量的耐久力，即力量耐力；神经保持高强度长时间的发放冲动就表现为速度力量能力；支配不同肌群的神经所发放神经冲动的次序就表现为机体的协调能力。因此，在实际的训练中，应采用一定的训练方法和手段对专项的内部发力机制进行专门的训练，通过不断的训练，才能最大限度地动员专项所需的运动单位，在降低运动单位的兴奋阈的同时，使运动单位向专项需要的运动类型转化。此外，通过训练，使大脑皮质兴奋与抑制在时间和空间上更加集中和精确，使大脑皮质兴奋与抑制在排列组合上更有顺序、更有规律地按严格时间间隔交替发生，最终使动作系列有机耦合，高度协调，达到专项内部运行机制的需求。

二、肌肉收缩形式特征

肌肉的收缩形式主要有向心收缩、离心收缩、等长收缩、等动收缩和超等长收缩（拉长缩短收缩）[③]。不同专项、相同专项不同动作阶段及不同的肢体部位，其肌肉收缩形式各有不同，所以，专项训练中所选用的方法、手段一定要与专项（某个阶段、某个肢体部位）的肌肉收缩形式保持一致，这样才能产生更佳的正迁

---

① 林岭．现代运动训练新理念、新方法［M］．北京：北京体育大学出版社，2013：53.

② 陈小平．竞技运动训练实践发展的理论思考［M］．北京：北京体育大学出版社，2008：89－91.

③ 王瑞元．运动生理学［M］．北京：人民体育出版社，2010：39－40.

移。例如，在跳远运动中，踏板起跳过程是在高速运动条件下下肢经历离心收缩、等长收缩和向心收缩三个过程的三种收缩形式，即为超等长收缩形式，那么高速条件下的下肢跳跃练习（助跑单足跳、助跑跨步跳等）与跳远专项踏跳动作的肌肉收缩形式较为相似，因此，这种训练方法就是跳远项目很好的专项身体练习手段。再者，相同的部位不同的项目，其局部肌群的发力特点也完全不同，如短跑运动中，躯干的核心力量肌群主要表现为等长收缩，主要作用在于维持身体稳定性；而在投铁饼或投标枪运动中，其核心区肌群的收缩形式显然有所不同。因此，在专项身体训练中要结合专项的肌肉收缩形式特点进行训练安排。

三、能量代谢特征

田径运动所有项目均属于体能主导类项群，根据力量、速度、耐力等身体素质对田径运动成绩的影响程度不同，又可分为快速力量性项群、速度性项群和耐力性项群。不同的项群，机体内能量代谢的特点也有所差异。田径运动快速力量性项群主要包括投掷类项目和跳跃类项目，投掷类项目包括标枪、铁饼、铅球和链球；跳跃类项目包括跳高、跳远、三级跳远和撑竿跳高，两类项目在最后用力瞬间均属于爆发式发力，因此，ATP－CP 供能系统在运动中为主要的能源供应系统。速度类项群主要包括跨栏跑、100 米、200 米和 400 米，此类项群以无氧代谢为主，以有氧代谢为辅，这类项群的供能特点为 ATP－CP 供能系统和糖酵解供能系统共同参与供能。而耐力性项群（中长跑、竞走、马拉松等），则主要以有氧系统供能为主，以无氧系统供能为辅。因此，不同的项群，其机体的能量代谢特点可能完全不同。此外，即使是同一项群的运动项目，其机体的能量代谢特点也有所差异，如跳跃类项目和投掷类项目，因技术动作的结构不同，主要肢体发力部位不同，其身体各部位的肢体供能特点肯定也有所不同；再者，即使同是跳跃类项目，如跳远和跳高，因各项目自身的比赛规则不同，其机体的能量代谢特点也不一样；在跳远比赛中，所有运动员最多只有六次试跳机会，比赛时间相对较短，其最终成绩为比赛中预赛和决赛两个阶段的最好成绩，因此，跳远比赛中运动员的每次试跳几乎都会尽最大能力以获得最好成绩；而跳高项目首先在较低高度试跳中均有所保留，以为更高高度试跳节省体力，因此，其供能特点肯定与跳远不同。运动员在一个高度上试跳成功后，必须要等到其他运动员均通过或失败后方能进入下一高度试跳，高水平跳高比赛甚至可持续 2～3 小时之久，因此，跳高运动员更需要长时间间断性的 ATP－CP 供能能力和再合成恢复能力。

四、运动力学特征

神经支配特征、肌肉收缩形式特征和能量代谢特征三种机理特征，可以认为是专项运动的内隐性机制特征；而专项运动的运动学、动力学则可以视为是专项运动的外显性特征。不同项目的专项动作中，其关节运动的角度、幅度及方向形成了肢体局部与整体各不相同的运动链，为了使训练产生更佳的正迁移效果，应尽可能地使训练方法和手段在运动的角度、幅度和方向等运动力学特征上与专项局部或整体运动力学特征保持一致，这样才能形成正确的发力定型，有利于专项动作自动化的形成，提高机体能源物质利用的经济性和实效性。如跨栏跑项目的起跨腿栏侧过栏专门性练习，其起跨腿向前提拉的角度、幅度及方向等运动力学特征一定要符合跨栏跑运动中起跨腿（局部肢体）的专项运动力学特征。又如，背越式跳高专项训练中，采用四步助跑过低杆完整动作练习手段，此练习动作也必须严格遵循背越式跳高完整技术动作（全程助跑过杆）的运动力学特征。

第二节　专项身体素质发展的基本原理

专项身体素质的发展主要遵循生物适应原理和运动训练学原理。

一、生物适应原理

专项身体素质训练的过程实质上是一个动态的生物适应过程。从生物适应角度分析，专项身体素质训练的生物适应过程首先是通过训练对机体施加一定的负荷，机体在接受一定强度的刺激后，便打破了原来的内环境稳态。此时，机体会根据所接受刺激强度的大小，产生一定强度的应激，随后机体便会动员各种内部生理机制，产生一系列的调控策略，以适应当前内环境的变化，重新建立新的内环境平衡，形成新的稳态。此后，通过不断地对机体施加刺激，使机体不断产生新的适应，建立新的内环境稳态，机体内部结构组成也不断发生适应性变化，最终使得机体各身体素质水平不断提高。

适应的生物学效应集中表现在：当人体在系统训练的开始阶段或承受一个新

的运动负荷刺激时，机体往往会产生一系列生物学反应或不适应症状，经过一段时间的训练后，机体的不适反应和症状逐渐消失，各器官、系统的机能水平显著提高，人体能以相对较小的能量消耗和对内环境的自稳态的最小破坏为代价，使原先需要付出极大努力才能完成的任务变为较轻松地顺利完成。这时体内的能量消耗出现节省化，人体可承受更大的运动负荷量刺激，并继续表现出强大的整体工作能力①。机体的生物适应特点主要体现在以下几个方面。

（一）生理学适应特点

生理学适应特点主要表现在神经和肌肉系统上，即内部性适应和外部性适应上。神经系统的适应（内部性适应）主要反映在运动单位募集的阈值、数目、神经冲动的频率、对抗肌共同参与活动的程度或主动肌、协同肌、对抗肌之间的协调能力等增加或改善上。由此可见，神经适应性的提高，一方面主要提高了神经冲动的频率，从而提高了对运动单位的募集能力；另一方面提高了神经对运动单位的同步化支配能力。对快速力量和反应力量来说，神经支配能力起着更为重要的作用，神经冲动频率、肌纤维和肌肉之间的协调、神经抑制水平和反射调节等能力的改善均对这两种力量能力产生重要的影响作用。但也有理论认为，无论是快速力量还是最大力量，肌肉力量提高的重要原因是有更多的运动单位参与，而不是运动单位的同步化水平的提高。有研究表明，在力量训练初期，力量提高主要源于神经性适应。肌肉系统适应性提高（外周性适应）主要表现在肌肉纤维的选择性肥大、纤维数量和线粒体数量的增加。这种肌肉系统的适应，不仅包含运动肌群能力的增强，而且包含心肺等内脏器官功能的改善。研究表明，肌肉系统适应性的提高可以导致力矩—时间曲线斜率的增加②。

（二）生物化学适应特点

1. 能量代谢特点

人体的任何肢体运动都离不开能量代谢的参与，因此，在进行专项身体素质训练计划安排时必须要遵循人体的生物能量代谢规律。人体在运动中所需的能量

---

① 王瑞元．运动生理学［M］．北京：人民体育出版社，2012：556.

② Loren Z. F. Chiu et al. *The fitness – fatigue model revisited*: *implication for planning short – and long – term training*. Strength and Conditioning Journal. 2003，25（6）：42 – 51.

主要由三个不同的能源系统供给，分别为磷酸盐系统（ATP－CP）、糖酵解系统和氧化能系统[①]。短时间（3～7 秒）内的极限运动主要以 ATP－CP 供能；持续 10 秒以上、3 分钟以内的运动以糖酵解供能为主；持续 3 分钟以上的运动主要以有氧氧化系统供能[②]。通过对机体进行长期专项身体素质训练后，机体便会根据施加负荷的不同强度，相应地，在能量代谢系统上产生一定的适应性变化，长期进行短时间（3～7 秒）极限运动，可以提高肌肉中的三磷酸腺苷和磷酸肌酸储存量，增强无氧氧化酶活性；在训练中进行糖酵解供能系统训练后，可以增加肌肉内糖原物质的储备，增强肌肉对乳酸的耐受能力及延缓疲劳能力，增强无氧氧化酶活性；而进行长期的有氧氧化供能系统训练则可以提高机体的脂肪供能比例，增加机体内毛细血管网密度，增强机体内营养供给，改善有氧氧化酶活性，提高有氧供能系统的效率。

2. 内分泌特点

内分泌是指内分泌腺体或内分泌细胞将其所产生的生物活性物质——激素直接释放到体液中，并发挥作用的分析形式[③]。当人体参与激烈运动时，内分泌系统便通过改变激素的释放剂量对机体进行一定的调控，以适应当前的运动。换句话说，运动对激素会产生一定的影响，这种影响可分为两种情况：一是急性运动的影响；二是长期训练的影响。激素对前者会发生相应的应答性反应，对后者会产生相应的适应性变化[④]。专项身体素质训练是一种长期的系统训练，因此，经过长期的运动训练后，机体激素的释放将发生适应性变化。这些变化主要包括 GH、C、BLA 等激素指标[⑤]。人体经长期运动训练后，激素水平会发生某种程度的“去补偿”现象（Decompensation），表现为开始某种负荷运动时，反应幅度比较明显；随着不断运动，反应幅度逐渐变小，这表明反应幅度更加精准，机能更加节省化[⑥]。但各种激素的变化总是为了适应更大的负荷，有利于提高身体机能水平能力

---

① 王瑞元．运动生理学［M］．北京：人民体育出版社，2012：176.

② 李笋南．体能训练原理与实践［M］．北京：北京体育大学出版社，2012：6.

③ 同①：204.

④ 同①：223.

⑤ Hakkinen K. et al. Daily hormonal and neuromuscular responses to intensive strength training in week. Int. J. Sport. Med. 1988，9：422－428.

⑥ 王瑞元．运动生理学［M］．北京：人民体育出版社，2012：224.

而做出的适应性变化。

3. 生物力学适应特点

体育运动中，无论何种项目，都离不开人体力量的施加，力的作用贯穿于人体运动的始终。此外，不同的专项，其发力的特点也各不相同，表现为具体的运动特征主要有空间特征、时间特征、人体惯性特征、动力特征及运动能量特征等。这些特征以不同的技术参数为评价指标，如运动时间、运动节奏、运动频率、运动轨迹、速度、冲量、动量等。在专项身体素质训练中，必须结合专项的技术规格，采用不同的专项技术方法、手段要在运动学及动力学特征上符合专项的生物力学原理，这样，经过长期的训练，在专项技术发力感觉上便形成了自动化，即产生了高度适应。

二、运动训练学原理

专项身体素质训练中，如何使训练更为科学、高效是训练中首要解决的问题。那么在解决训练中“练什么”“练多少”“怎么练”等问题的过程中，就必须严格遵循专项身体素质训练的各项基本原则。具体训练原则可参考专项身体素质训练原则部分。

第三节　专项身体素质训练的系统构成

一、专项身体素质训练概念的再认识

研究表明，针对专项身体素质训练概念的研究为数不多，其中，《身体素质训练方法》[①] 对专项身体素质训练定义为：“专项身体素质训练是指在运动训练中，根据专项的特点采用与专项有密切联系的专门性身体训练手段和方法，充分发展和改善与专项运动有直接关系的专项力量、速度、耐力、灵敏及柔韧等素质，以保证运动员在训练中更好地掌握专项技术与战术，并在比赛中有效地应用。”《田

① 教材编写组．身体素质训练法［M］．北京：人民体育出版社，1999：9.

径运动高级教程》① 一书认为："专项身体素质训练主要是发展与专项有密切关系、能直接促进掌握专项技术和提高专项成绩的身体素质，如短跑运动员的速度力量、跳跃运动员的弹跳力、投掷运动员的出手速度等。"也有学者认为："专项运动素质是指符合专项动作所需要、能最大限度地提高运动员的专项运动成绩的各项基本运动素质的综合体现②。"从上述学者对专项身体素质训练界定可以看出，国内外专家学者对专项身体训练的概念仍然没有达成统一，对专项身体训练概念的界定较为笼统、模糊，仅停留在对专项身体素质粗放式概括阶段，这往往会使我们对专项身体训练方法与一般身体训练方法的方法学原理认识不清，使得专项身体训练与一般身体训练没有明确的区分界限，最终难免会在一般身体训练和专项身体训练内容安排及方法选择上出现问题，进而影响训练效果。如对杠铃深蹲、杠铃半蹲、各式跳深练习、单足跳、蛙跳练习是短跨、田径跳跃项目的一般身体训练还是专项身体训练的方法、手段等问题不能做出明确回答。

从专项身体素质训练机理特征的分析可以看出，专项身体训练主要表现出四种基本特征，即专项的神经支配特征、能量代谢特征、肌肉收缩形式特征和运动力学特征。其中，神经支配特征、能量代谢特征、肌肉收缩形式特征为内隐性机制特征，而运动力学特征为外显性机制特征。那么，在训练方法、手段的运用中，符合哪几种特征才能称为专项身体训练方法、手段呢？

经专家访谈一致认为，神经支配特征、能量代谢特征、肌肉收缩形式特征为专项运动时所表现出的内部发力性质特征，为专项的基础特征，一般情况下反应速度没有肌肉收缩形式的表现，但也可进行专项训练，这种训练方法、手段也称为专项训练，只有同时满足上述三种运动表征条件，才能称为专项训练；而符合专项三种基本特征的训练，称为专项基础训练。在满足三种基本内部机制特征的基础上，如果在运动外部的运动力学特征（发力大小、发力方向、运动轨迹、发力顺序、起始状态、肢体动作的角度）上与专项特征表现一致，则属于更高一级的专项训练，这种训练又可分为局部与专项运动力学特征表现一致和整体与专项运动力学特征表现一致两种情况，局部与专项运动力学特征表现一致称为专项的专门化训练；整体与专项运动力学特征表现一致称为专项的专项性训练。

---

① 文超．田径运动高级教程［M］．北京：人民体育出版社，2003：493.

② 张然．排球纵谈［M］．北京：人民体育出版社，2002：49.

综上所述，专项身体训练中，训练方法、手段的运动特征应至少符合下述三种情况之一，方能称为专项身体素质训练方法、手段，这三种需要符合的运动特征分别为专项内部运动机制原理特征、专项局部运动力学特征和专项完整技术运动力学特征。

根据上述对专项身体素质训练的机理特征分析，结合前人对专项身体素质训练概念的界定，我们把专项身体素质训练界定为：专项身体素质训练是指在训练过程中，根据专项的特点，采用与专项相一致的神经支配特点、肌肉能量代谢特点和肌肉工作形式特点，或采用在局部或整体上与专项技术相一致的运动力学表征的身体练习方法和手段，以充分发展和改善专项所需要的力量、速度、耐力、灵敏、柔韧及协调等素质，为运动员在比赛中更好地发挥技战术水平，提高运动成绩而进行的专门性身体练习。

二、专项身体素质训练与专项技术、专项成绩的关系

专项身体素质是一种综合素质能力，是在各项目运动中专项力量、专项速度、专项耐力、专项柔韧、专项灵敏和专项协调等素质能力的有机整合。

专项技术指某个项目所独具的运动技术或技术动作，是指完成具体项目专门动作的方法。专项身体素质和专项技术是田径项目成绩的决定性竞技能力因素，二者水平的高低共同决定着专项运动成绩的优劣，二者之间本身也具有密不可分的关系，彼此互为基础，相互支撑。专项身体素质具有内隐性特点，专项身体素质只有通过专项技术为载体才能表现为运动成绩，如果没有精湛的专项技术能力，再强的专项身体素质能力也很难使运动成绩达到世界顶尖水平。专项技术具有外显性，运动员通过优美流畅的动作呈献给观赏者，但如果没有良好的专项力量、速度、耐力等专项身体素质为内在基础，运动技术也就成了无源之水，无本之木，精湛的技术也必将难以形成。

同时，二者又具有互补性，良好的专项身体素质在某种程度上可以弥补技术上的不足，反之亦然。在比赛中，身体素质好而技术相对薄弱的运动员类型，我们称之为能力型运动员；技术好而身体素质相对一般的运动员类型，我们称之为技术型运动员，这两种类型的运动员均有可能达到较高运动水平。一方面的不足可以由另一方面予以弥补，但这种弥补是有限的，是相对的，专项技术和专项身体素质一方面的不足必然会限制另一方面发展的高度，这种非均衡能力的发展必

然会影响最佳成绩所达到的高度。纵观田径运动中各个项目的世界纪录保持者，无不具备着绝佳的专项身体素质和专项技术水平。

应指出，在田径运动专项身体素质和专项技术训练实践中，二者的训练方法、手段往往存在相近或相同的现象。这是因为在运动训练过程中，在进行专项身体素质训练时往往掺杂着专项技术训练内容，而在专项技术训练时也必然包含有专项身体素质训练成分，二者训练本身就彼此交织，相互融合，但二者又有一定的区别。专项身体素质训练中，尤其是专项力量和专项速度训练，这两种素质均有其自身的不同训练侧重点，专项力量训练主要侧重于机体力量能力的增强，而专项速度训练主要侧重于机体速度能力的提高。专项技术训练主要侧重点既不侧重于机体力量大小的提高，也不侧重于机体速度快慢的提高，它主要侧重于技术水平的改善。因此，专项身体素质训练中专项力量训练或专项速度训练的训练方法完全可以和专项技术训练方法为同一种训练方法，但所施加的负荷强度有所不同，专项力量训练侧重于训练中承受的力量负荷大于专项本身；专项速度训练侧重于训练中承受的力量负荷小于专项本身，但在速度上要求大于专项速度本身。专项技术训练既不侧重于专项力量的增强，也不侧重于专项速度的增快，而是侧重于技术的改善。如投掷类项目中投掷不同重量器械的练习，既可以用来作为发展专项力量的训练方法、手段，也可以用来作为发展专项速度的训练方法、手段，还可以用来作为提高专项技术训练的方法、手段。但在训练中，三种内容训练的侧重点完全不同，专项力量训练要求投掷器械的重量大于标准器械重量，而专项速度和专项技术训练往往采用轻器械进行训练。专项速度和专项技术训练虽然均采用轻器械进行练习，但二者训练的侧重点并不相同。专项速度训练中，练习者应在最短的时间内以尽可能快的速度完成每次投掷；而专项技术训练侧重点主要在于保证技术动作的正确性，以正确的动作完成每次投掷，且往往要求不要用全力进行每次投掷。

因此，专项身体素质训练与专项技术训练有千丝万缕的联系，二者可以为同一种训练方法、手段，但在动作发力及附加负荷要求上又有所不同。

三、专项身体素质训练的系统组成结构

运动训练是竞技体育活动的重要组成部分，是为提高运动员的竞技能力和运

动成绩，在教练员的指导下，专门组织的有计划的体育活动①。依据系统论观点，运动训练是一个大的完整系统，而专项身体素质训练是运动训练这个大系统的子系统。结合专项训练本身的特点，可将专项身体素质训练系统概念界定为：为提高运动员的专项身体素质，由教练员对训练中相互联系、相互制约的各专项身体素质训练要素有条理地安排而构成的整体。

（一）专项身体素质训练系统构成的理论基础

1. 专项身体素质训练组成结构的系统论基础

根据系统论观点，专项身体素质是一个系统，而训练虽然是一个事物发生的过程，但也可视为一个系统。如训练可分为一般身体素质训练和专项身体素质训练，也可分为力量训练、速度训练、耐力训练等。而专项身体素质训练是运动训练的一个子系统，因此，专项身体素质训练是一个复杂的综合系统，本身既自为系统，又是事物发生的一个“过程”。专项身体素质训练既为系统，必然遵循系统的基本原理及特点。

（1）系统的结构和功能

结构和功能是系统普遍存在的两种既相互区别又相互联系的基本属性。结构是指系统内部各个组成要素之间的相对稳定的联系方式、组织秩序及其时空关系的内在表现形式，是反映系统的内部关系，是系统的一种内在的规定性。而功能则是指系统与外部环境相互联系和相互作用中所表现出来的性质、能力和功效，是系统内部相对稳定的联系方式、组织秩序及时空形式的外在表现形式。系统的结构是系统功能的基础，系统的结构决定功能，功能决定效益，效益可反映系统的结构和功能优劣。不可能存在结构不合理而功能、效益好的系统；也不可能存在效益低下而结构合理、功能完善的系统，二者密切相关。

所以，只有专项身体素质训练系统的结构更加合理，专项身体素质训练的功能才能得到更好的发挥，训练效果才能更加显著。然而，系统的结构往往隐藏于内，而功能却表现于外。因此，结构要素的构成又受制于系统所要达到的功效或预期目标。故而，专项身体素质训练的结构要围绕着专项身体素质成绩的提高这个目的予以构建。

---

① 田麦久．运动训练学［M］．北京：人民体育出版社，2000：11.

（2）系统的整体性

专项身体素质训练既为系统，必然具有整体性，整体性是系统最基本的特征。系统的整体性是指系统由若干要素组成的具有一定新功能的有机整体，作为系统子单位的各个要素一旦组成系统整体，就具有独立要素所不具有的性质和功能，从而表现出整体性质和功能大于各个要素性质和功能的简单之和。根据系统整体性原理，要使专项身体素质训练表现出最大的训练功效，首先必须使专项身体素质训练系统中各要素的结构更加全面、合理，各要素必须包含训练中所有有助于提高专项身体素质的要素（子系统），这样才能使专项身体素质训练系统发挥最大的整体功效。因此，训练过程中所有有助于提高专项身体素质的要素（子系统）都应归属于专项身体素质训练这个系统的构成要素。

（3）系统的层次性

层次性是系统的另外一个基本特征。系统的层次性指的是：由于组成系统的诸要素的种种差异，包括结合方式上的差异，从而使系统组织在地位与作用、结构与功能上表现出等级秩序性，形成了具有质的差异的系统等级。如现代学校可分为小学、中学和大学；方法可分为工艺方法、技术方法、经验方法、理论方法和哲学方法等。而专项身体素质可分为专项力量、专项速度、专项耐力、专项柔韧、专项灵敏和专项协调等，均具有层次性。此外，系统的层次性是多样化的，根据不同的视角，系统可以分为不同的子系统。如可以按照质量划分，可按照时空尺度来划分，也可以根据组织化程度来划分，还可以根据运动状态来划分等。根据上述原理，专项身体素质训练这个系统可分为专项力量、专项速度、专项耐力、专项柔韧、专项灵敏和专项协调训练六个子系统。但是，上述对专项身体素质进行的分类，显然对专项身体素质训练系统结构研究意义不大。

（4）系统的结构理论

系统论原理认为，系统的结构主要有层次结构、关联结构、程序结构和混合结构。层次结构是指上下各局部的纵向构成方式；关联结构是指各局部子系统之间纵横交错的相互联系方式；程序结构是指各局部子系统按一定的顺序构成的动态结构方式；而混合结构是指一个完整系统中包含多种结构方式。世界万物本是“过程的集合体”，而非“事物一成不变的集合体”，“训练”也不例外。由于“训练”是一个过程，而且这个过程是“训练”各子系统以时间为节点并按照一定的顺序构成的动态形式联系在一起的，这与程序结构的构成形式较为一致，因此，深入探讨“训练”系统的结构更应按照程序结构形式予以分析，而不按“训练”的层次结构形式予以分析。

2. 专项身体素质训练的过程论基础

根据上述对“训练”这个系统的分析探讨，其结构形式更应从程序结构视角予以构建。换言之，即需要从训练这个系统发生的过程予以研究。而“过程”是事物发展所经历的程序、阶段，任何过程的发生均是以目的性为前提的。因此，目的或目标是“训练”系统的首要要素。根据过程发生的不同阶段特点，确定了训练的目的或目标，必然要有为达到训练目的或目标所训练的内容及所采用的方法、手段，而后则需要合理地安排、组织与实施。此外，根据系统整体性原理，要使训练效益达到最大化，监控、评价也必不可少。

运动训练学理论认为，运动训练是竞技体育活动的重要组成部分，是为提高运动员的竞技能力和运动成绩，在教练员的指导下，专门组织的有计划的体育活动。运动训练主要是解决“为什么练、练什么、如何练、练多少”的问题，即解决训练目标、训练内容、训练方法和手段、训练周期内容如何组织安排与训练监控和评价等问题①。显然，这是把运动训练视为一个事物发生的“过程”，按照“过程”发生的不同程序、阶段予以深入研究论述。

专项身体素质训练是运动训练的重要组成部分，是运动训练的层次结构子系统。因此，专项身体素质训练系统的程序结构也包含上述训练要素，只是训练中各要素需要在符合专项特征的前提下组织实施。

（二）专项身体素质训练系统组成结构

上述理论分析表明，专项身体素质训练系统主要由以下结构组成：训练目标、训练内容、训练方法和手段、周期安排、监控与评价。

为了充分论证专项身体素质训练系统的构成要素，我们进行了两轮次的专家访谈。经过反复论证最终确定，专项身体素质训练结构主要由专项身体素质训练目标、训练内容、训练方法和手段、周期结构安排、训练监控和评价这几个要素构成。具体系统构成要素见图2-2。

---

① 田麦久. 运动训练学［M］. 北京：人民体育出版社，2000：11.

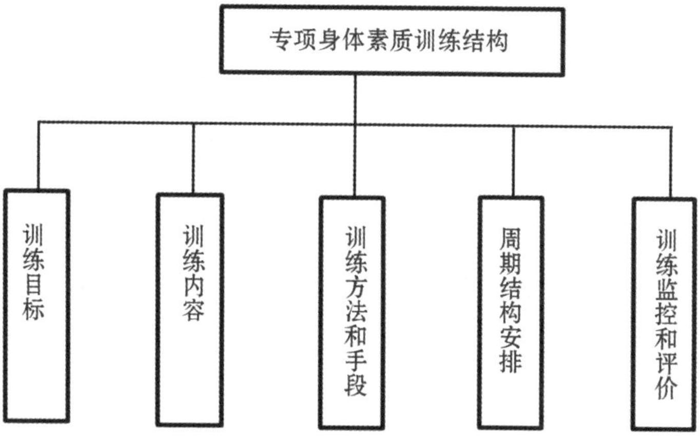

图2－2　专项身体素质训练系统构成示意图

第四节　专项身体素质训练的原则

训练原则是依据运动训练活动的客观规律而确定的组织运动训练所必须遵循的基本准则，是运动训练活动对客观规律的反映，对运动训练实践具有普遍的指导意义①。训练原则可以帮助人们更为科学高效地指导和规范运动训练，有助于取得更为理想的训练效果。专项身体素质训练原则是指在专项身体素质训练过程中所遵循的基本准则。现代运动训练过程中，专项身体素质训练的地位日益凸显，如何能更加科学合理地解决专项身体素质训练过程中“练什么、如何练、练多少”等诸多问题，已成为当今训练中亟待解决的核心内容。根据“练什么、如何练、练多少”实践问题，人们构建了一般运动训练理论的训练原则体系示意图，并指出一般运动训练原则主要包括竞技需要原则、系统性原则、周期安排原则、因材施教原则和适宜负荷原则②。

① 田麦久．运动训练学［M］．北京：人民体育出版社，2000：216.
② 刘大庆．运动训练学研究进展与理论探蹊［M］．北京：北京体育大学出版社，2013：106.

本研究的主题为专项身体素质训练，而专项身体素质训练又是运动训练的一部分，与运动训练是特殊与一般的关系，所以，一般运动训练理论中的一部分训练原则仍适合于专项身体素质训练。因此，在借鉴一般运动训练理论的训练原则的基础上，结合专项身体素质训练本身的特点，构建了专项身体素质训练原则体系，具体如图 2－3 所示。

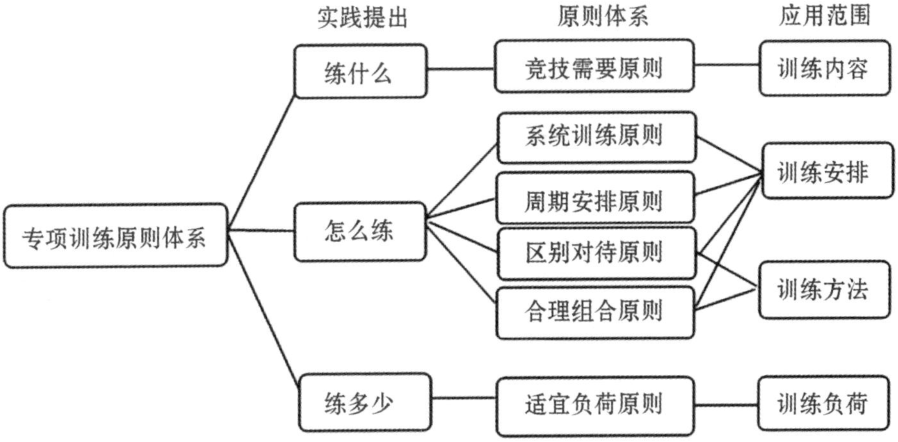

图 2－3　专项身体素质训练原则体系示意图

一、竞技需要原则

竞技需要原则主要是依据训练中“练什么”的问题而制定的训练原则。有研究指出，“一个项目的专项特征并不需要面面俱到，而只需要找到那些能够真正反映或代表专项本质的主要特征”①。同样，每一个项目都有其专项的特异性②，都有其对运动成绩起重要作用的身体素质，我们只需要探寻这些起重要作用的身体素质，采用特定训练方法，发展其专项身体素质，而不需要“面面俱到”地、全方位地对每个身体素质进行练习。例如，跳高运动中，对其运动成绩起核心作用的素质为快速力量、协调和柔韧素质，那么在实际的身体素质训练中，就应以快速力量、协调和柔韧素质为核心发展素质，同时适当兼顾其他素质的发展，有主有

① 陈小平．竞技运动训练实践发展的理论思考［M］．北京：北京体育大学出版社，2008：18.
② 同①：111.

次地合理组织训练。

此外，不同的运动员，其专项身体素质能力结构也各不相同。运动员竞技能力结构中各个子能力之间的不均衡状态是普遍存在的，呈现非衡结构特征[①]。有的运动员可能力量素质较好，有的可能速度素质较好，而有的可能耐力素质较好，所以，在训练中就要求教练员要善于发现运动员专项身体素质中的优势与不足，训练安排上适当增加短板素质训练内容，以逐步弥补其弱势素质，避免“木桶理论”中短板现象的发生。在专项身体素质训练中，要根据项目的不同特点，重点发展项目的核心专项身体素质的同时，结合不同运动员身体素质的实际情况，制定专门的训练方法、手段，有目的、有计划地安排训练结构。

二、系统训练原则

系统训练原则指持续地、循序渐进地组织专项身体素质训练过程的训练原则。专项身体素质训练是一个长期的、连续的系统训练过程，任何一种身体素质的提升都不会一蹴而就，都需要循序渐进地进行长时间刻苦训练才能达到质的飞跃，取得理想的训练效果。专项身体素质提高的过程，实质上是通过持续的专项训练，使机体不断产生适应的过程。换言之，专项身体素质训练，必须符合机体生物适应的基本原理；而机体生物适应最基本的特点包括适应的长期性、阶段性及不稳定性[②]。机体生物适应主要表现为机体神经肌肉系统、新陈代谢系统及心肺功能对更高强度刺激的适应[③]。上述各系统适应能力的提高均需要长期的、日积月累地积极训练。

同时，机体的生物适应过程还呈现阶段性特点。机体对施加负荷的警觉应激产生适应的过程可分为施加负荷、产生疲劳、能量物质恢复、产生超量恢复及训练效果消失这五个阶段。

此外，机体生物适应具有不稳定性。机体通过训练后所获得的力量、速度、耐力、柔韧等素质的提高，如果不进行持续的强化训练，其训练效果会逐步消退。这种现象在运动生理学中称为“用进废退”理论[④]。因此，专项身体素质训练是一

---

① 刘大庆. 运动训练学研究进展与理论探蹊［M］. 北京：北京体育大学出版社，2013：187.

② 田麦久. 论运动训练计划［M］. 北京：北京体育大学出版社，2000：20－21.

③ 李少丹. 周期－运动训练理论与方法［M］. 北京：北京体育大学出版社，2011：8.

④ 王瑞元. 运动生理学［M］. 北京：人民体育出版社，2012：556.

个长期的系统工程，必须注意保持训练的持续性、渐进性及系统性，长期不间断地进行训练。

三、周期安排原则

周期安排原则是指周期性地组织专项身体素质训练过程的训练原则。专项身体素质训练与一般运动训练一样，必须遵循运动员机体的生物节奏变化、竞技状态形成与发展周期性等规律，按一定的动态节奏，循环往复、逐步提高地安排训练内容和负荷量①。世界万物无时无刻不在运动，但这种运动过程并不是一成不变的简单重复，而是在上一个运动周期的基础上呈螺旋式地发生着微妙的变化，而且这些微妙的变化均呈现一定的规律性，这种表现的运动规律性特点，即为运动的周期性。人体竞技能力的发展变化也不例外，表现出明显的周期性特点。当对人体给予适当的刺激，人体能量物质消耗，机体能力下降，通过一定的休息调整后，机体能力得以恢复再生，产生超量恢复，机体能力得到提高，在这一基础上，通过对机体施加新的刺激，便开始了新的适应周期。如此循环往复，机体能力得以不断提高。但当不断施加的刺激达到机体承受的最大临界值时，机体的保护机制便发挥了作用，以避免过度的刺激对机体产生进一步的伤害，此时，便需要休息和调整，以消除身心疲劳。此外，外部比赛环境也呈现一定的周期性特点，包括适宜比赛的气候条件，运动场地、器材、参赛服装等设备的不断革新，等等，这些都需要依据周期性特点，综合考虑、合理安排。

四、区别对待原则

区别对待原则是指对不同专项、不同运动员或不同的训练状态，都应有区别地组织安排各自相应的训练过程，选择相应的训练内容，给予相应的训练负荷的训练原则②。田径运动专项身体素质训练中，由于专项不同，训练中所需重点发展的核心身体素质也必然不同，如快速力量性项目专项身体素质训练中主要以发展快速力量能力为主；而短跨项目主要以发展速度能力为主；长距离项目主要以发展专项耐力素质为主。不同的运动员，由于当前的竞技能力水平、运动员的潜在发展空间、运动员掌握的技能数量及知识能力结构、生理和心理特点等因素各不

① 田麦久．运动训练学［M］．北京：人民体育出版社，2000：10.

② 同②：125.

相同，因此，在发展运动员专项身体素质时，应综合考虑上述影响因素，合理安排训练内容结构。此外，即使是同一运动员，不同的训练时间，其身心状态也会有所差异，训练中也应区别对待，灵活调整训练计划。

五、合理组合原则

合理组合原则是指专项身体素质训练方法和手段实施过程中，各训练构成要素要统筹计划、合理搭配组合、科学安排，以达到最佳的训练效果。

专项身体素质训练中合理组合训练原则主要有以下三层含义。

其一，在发展任何一种专项身体素质训练时，如发展力量、速度、耐力等，要使训练效果达到最大化，往往需采用多种训练组合的方法。例如，发展对快速力量性项目和速度性项目均具有决定性作用的快速力量素质，研究证明，在快速力量训练中，单纯地采用最大力量训练法和小负荷训练法都不能使训练效果达到最佳，而先采用大负荷训练，适当间歇后施以小负荷训练的组合方法更有助于快速力量的发展①，其生理学基础原理是：首先通过大负荷运动，以募集更多的运动单位参与运动，这样，这些被募集的运动单位在一定的时间内仍处于激活兴奋状态，产生的兴奋痕迹效应在短时间内不会立刻消失，后通过附加小负荷负重，使得在大负荷运动中被动员且仍处于兴奋状态的绝大部分运动单位，参与克服小阻力负荷做功，动作速度明显提高。通过不断地强化训练，小负荷动员较多运动单位产生快速度的动作定式就逐步为神经支配系统所"记忆"，对快速发力动作产生适应。适应后，当克服小负荷重量时，机体即可在短时间内募集较多的运动单位参与运动，从而提高快速力量能力。而最大力量训练虽然所产生的力量较大，募集的运动单位也更多，但在最大力量实施的过程中并没有对募集运动单位的时间有严格的要求；而快速力量性项目中的绝大多数运动项目，其主要发力阶段是极短的，是在极短的时间内克服阻力做功，力的作用时间一般不超过 150 毫秒，因此，最大力量训练法虽然能提高最大力量能力，但其动作中缺乏速度成分的发展，长期进行单纯的大负荷力量练习会影响动作的发力速度，造成慢发力动力定型。单纯的小负荷训练也不能最大效应地发展快速力量能力，因为单纯的小负荷力量练习，自始至终都不能激活高阈值的运动单位参与运动，训练效果也绝不可能达

---

① 张铁军．快速力量发展方法原理探析［J］．四川体育科学，2006（3）：95－98.

到最佳。因此，在专项身体素质训练中，尤其是快速力量能力训练，其最佳训练方法应是多种训练方法的合理组合。

其二，在专项身体素质训练过程中，训练内容安排要有主有次，训练时间安排要有先有后、有长有短，合理组合安排。专项身体素质包括专项力量、专项速度、专项耐力、专项柔韧、专项灵敏和专项协调素质。田径运动中任何项目绝不可能仅需要上述的某一种子能力素质，而是需要上述子能力彼此融合、相互渗透而成的综合素质能力。之所以把专项身体素质人为地割裂开来，是为了更好地找出对项目运动成绩有决定性影响的身体素质能力，有利于身体素质的发展提高。但任何项目的专项身体素质本身就是一种综合素质能力，是一个有机整体，是专项力量、专项速度、专项耐力、专项柔韧、专项灵敏和专项协调素质的有机融合。因此，在发展专项力量、专项速度、专项耐力、专项柔韧、专项灵敏和专项协调素质等各子能力的同时，要根据专项的项目特征，在安排负荷内容及负荷强度与量的关系上要有主有次、有先有后、有长有短，合理组合安排。如背越式跳高专项身体素质训练，根据其决定运动成绩的项目特征，确定其核心身体素质为专项快速力量、专项柔韧和专项协调能力，因此，训练中应以快速力量、专项柔韧和专项协调素质为核心训练要素，以发展其他素质能力为辅，合理组合安排。此外，由于专项力量、专项速度或专项耐力等不同的专项子能力，在对其发展训练时所要求的身体状态也不同，如发展快速力量能力时，需要在神经系统较为兴奋、精力充沛、注意力集中的训练课前期阶段予以安排，而专项耐力训练，则需要在训练课中略感疲劳的后期阶段予以发展训练。因此，各专项身体素质在训练顺序的安排规划中也应合理安排，科学组合。

其三，训练过程中针对不同的肢体部位，训练顺序也需要合理地组合安排。训练中，上肢、下肢和躯干部位专项身体各素质训练要交替安排，相邻运动内容要尽量避免使用同一肢体肌群，因为前一动作练习已经使该肌群疲劳，如果后一动作继续使用同一肌群，不仅不能保证训练的质量，而且极易造成过度训练，甚至会发生运动损伤。此外，在训练中，要先发展大肌群，后发展小肌群，这是因为，大肌肉在训练时运动中枢的兴奋面广，兴奋程度高，在提高自身力量的同时，优于兴奋的扩散作用，练习过程对其他肌肉也有良性刺激作用。此外，由于大肌肉相对不易疲劳，可延长练习时间，而小肌肉练习容易疲劳，将影响大肌肉练习动作的完成[①]。

六、适宜负荷原则

适宜负荷原则是指根据运动员的现实可能和人体机能的训练适应规律，以及提高运动员竞技能力的需要，在训练中给予相应量度的负荷，以取得理想的训练效果[②]。专项身体素质训练是竞技能力提高的核心训练内容，因此，在专项身体素质训练过程中，采用的负荷量度也必须严格遵循适宜负荷原则。

采用适宜负荷原则的依据主要基于人体的生物适应原理，即适宜量度下机体的良好适应现象和超量负荷下机体的裂变现象。在一定的机体承受范围内对机体施加负荷，机体会动员身体潜在机能，产生良性反应，且对机体刺激的强度越深，产生的应激反应就越强烈，机体能力的提高就越明显，身体素质水平的提高也越大；反之，施加负荷超过了机体承受能力范围，就会对机体产生负面效应，使得竞技能力水平出现倒退或徘徊不前，甚至造成伤病的发生。因此，在专项身体素质训练中，一定要根据训练适应规律，结合实际情况，灵活调整，科学合理地施加训练负荷。

① 王瑞元．运动生理学［M］．北京：人民体育出版社，2012：339.

② 田麦久．论运动训练计划［M］．北京：北京体育大学出版社，2000：32.

第三章　田径运动专项身体素质训练的目标与内容

第一节　田径运动专项身体素质训练的目标

对田径运动专项身体素质训练系统组成结构的理论分析可知，田径运动专项身体素质训练系统主要由训练目标、训练内容、训练方法和手段、训练的周期安排及训练监控与评价等要素构成。首先是训练目标，体育运动中任何项目的训练都离不开训练目标的建立，田径运动训练也不例外。训练目标的建立在田径运动训练中具有举足轻重的作用。首先，目标的建立可以有效地激发运动员参加训练的主观能动性，提高自身参加训练的责任感和积极进取的精神。其次，目标的建立可以为训练计划的制订提供重要的依据。任何训练都必须有具体的训练目标，没有目标的训练如同大海中随波逐流的扁舟没有理想的彼岸，毫无方向、漫无目的地漂流，最终美好的愿望也只能是海市蜃楼、遥不可及之事。因此，建立训练目标必不可少。

一般而言，训练目标包括运动成绩指标、竞技能力指标和训练负荷指标①。

① 田麦久．运动训练学［M］．北京：人民体育出版社，2000：78.

运动成绩指标是运动训练的终极目标，主要体现在比赛中所表现出来的竞技水平和比赛名次两个方面。竞技能力指标主要指机体所表现出的体能、技能、战术能力、运动智能及心理能力指标。在田径运动训练中，力量、速度、耐力、柔韧及灵敏协调等身体素质指标起到决定性作用，训练过程中往往以建立不同身体素质指标模型来评价其竞技能力指标。此外，训练负荷指标也是训练目标体系中一个必不可少的指标。无论是在训练的起始阶段，还是训练的中间阶段或阶段训练后的最终结果，都需要对训练负荷指标进行诊断，这有利于训练目标的最终实现。

田径运动身体素质训练目标包括一般身体素质训练目标和专项身体素质训练目标，而专项身体素质训练目标可细分为专项力量、专项速度、专项耐力、专项柔韧和专项协调等专项身体素质目标。在训练过程中，专项身体素质的目标可由能够准确体现具体项目的专项力量、专项速度、专项耐力、专项柔韧和专项协调等专项身体素质指标来建立。如在建立 100 米跑专项身体素质训练目标时，专项力量一般是用体现下肢爆发力的立定跳远和立定三级跳远指标来衡量；专项速度是由决定速度能力的 30 米和 60 米跑指标来评价；专项耐力是由长于专项距离的 150～250 米成绩指标来评价；而专项柔韧、灵敏及协调均有专门的评价方法与指标。

在田径运动训练过程中，只有确定了专项身体素质训练目标，才能更好地组织安排专项身体素质训练内容，选择运用各种训练方法与手段，计划与安排训练周期与阶段，并对训练过程进行监控与评价。

第二节　田径运动专项身体素质训练的内容

世界万物中运动的产生均源于力的作用，没有力的作用就不会出现运动。各项体育运动也不例外，无论是人体自身的运动，还是使器械产生的运动都离不开力量的施加。同时，力的作用特点包括施加力量的大小、力量输出的快慢和施加力量时间的长短，对任何物体作用力的施加均离不开力的这三种本质属性。相对于人体来说，上述力量的三种本质属性，即为人体自身施加作用力的大小——力量，产生加速度的效果叠加——速度，运动持续时间的长短——耐力。由此可见，力量、速度、耐力是人体产生运动所需的三种基本素质，这三种身体素质正是田径运动专项身体素质训练的核心内容。

人体运动中，除了专项力量、速度、耐力对运动效果具有决定性作用之外，专项柔韧、灵敏、协调等素质也是人体运动中不可或缺的重要素质，在专项身体素质训练中也应采用一定的训练方法予以专门训练。因此，专项力量、专项速度、专项耐力、专项柔韧、专项协调和灵敏就构成了专项身体素质训练的主要内容。

一、田径运动专项力量训练内容分析

自 1949 年苏联田径运动专家奥卓林教授提出“实用性”原则以来[①]，专项训练备受运动训练学界的重视，力量训练中专项力量训练也随之成为训练中的核心内容。于是，专项力量的概念成了训练学专家们争论的焦点。国外学者对专项力量概念的界定较多，其中具有代表性的有霍缅科夫，他认为，“专项力量是指严格按专项要求发挥出的力量”[②]；图多·博姆帕认为，“专项力量是指参与完成专项运动的肌群力量”[③]；史密斯对专项力量的界定是：“专项力量是指运动员在比赛情境下在执行与专项运动相关的活动或专项技术过程中所表现出的力量特点[④]。”在我国，不同的专家学者对专项力量也有自己的认识和理解。例如，“专项力量是指运动员完成专项运动时神经—肌肉系统表现出的力量[⑤]。”“专项力量是指直接参与完成专项技术动作的特定肌群和效率调控机制协同工作所产生的克服阻力的能力[⑥]。”“专项力量指在运动员比赛动作技术和战术所要求的时空条件下，人体参与运动的肌肉或肌群收缩克服阻力的能力等[⑦]。”

---

① 奥卓林，等．田径运动训练原理［J］．西安体育学院学报，1999（3）：65.

② 霍缅科夫，等．田径教练员教科书［M］．赵春方，译．北京：人民体育出版社，1981：40－42.

③ 图多·博姆帕．运动训练理论与方法［M］．马铁，等译．北京：人民体育出版社，1990：228－231.

④ Smith，DJ（2003）*A Framework for Understanding the Training Process Leading to Elite Performance.* Sports Medicine，2003，33（15）：1103－26.

⑤ 陈小平．竞技运动训练实践发展的理论思考［M］．北京：北京体育大学出版社，2008：104.

⑥ 曲淑华，孙有平，张英波，等．对我国优秀铁饼运动员专项力量训练现状的研究［J］．北京体育大学学报，2001（1）．

⑦ 王保成．对短跑技术和专项力量感念的再认识［J］．田径，1995（3）：14－17.

同时我们注意到，尽管国内外专家对专项力量的概念表述有所不同，但他们对专项力量内涵的认识基本趋于一致，均认为在专项运动中，运动员肌肉力量的发挥必须表现为专项动作的用力特点。

专项力量本质上是指专项运动中所有技术动作所需的力量素质，包括每个技术阶段的每一肢体部位的不同力量素质。但在实际训练中不可能对每个关节、每个肌群、每块肌肉都专门设计特定的训练方法来进行练习。有研究指出，"不同专项力量素质的一个突出特点表现在力量结构的不同，任何一个专项或项群均存在一个对本专项最重要的、以某种子力量素质为主的专项力量'结构'"。同时，"一个项目的专项特征并不需要面面俱到，而只需要找到那些能够真正反映或代表专项本质的主要特征[①]"。显然，专项力量是专项身体素质训练的重要内容，也属于专项特征的一部分，因此，训练中只需找到那些能够真正反映或代表专项力量的主要子力量能力，以"一个对本专项最重要的、以某种子力量素质为主"作为专项力量素质训练的核心内容。

（一）田径运动速度性项目专项力量训练内容

田径运动速度性项目主要包括短跑项目和跨栏项目。短跑项目主要包括 100 米、200 米和 400 米跑，跨栏项目主要包括女子 100 米栏、400 米栏；男子 110 米栏和 400 米栏。在此类项目的整个运动过程中，均可分为起跑、起跑后加速跑、途中跑和终点跑，因此，对田径速度性项目专项力量内容的分析，可针对各项目中每个周期阶段的专项力量特点来进行分析。

1. 田径运动短跑项目专项力量训练内容

100 米、200 米和 400 米跑项目虽然都为短跑运动，但由于项目特点不同，其专项力量也略有区别。

起跑阶段，人体需要以最快速度摆脱静止状态，此阶段下肢需在大力量负荷条件下以最快速度发力，通过髋、膝、踝关节的快速蹬伸，经脚趾的支撑作用将力施加于地面，由地面产生的反作用力推动人体向前跑进。起跑阶段，以及起跑后加速跑、途中跑和终点跑阶段，上肢均为两臂快速交替前后摆动。上肢的交替摆动，不仅起到协调下肢的作用，而且还可以通过交替摆臂，与下肢交替蹬伸形

---

① 陈小平．竞技运动训练实践发展的理论思考［M］．北京：北京体育大学出版社，2008：109.

成相向运动，抵消下肢因前摆带来的身体后旋力量，以维持身体的平衡；此外，通过强有力的摆臂，可以增强下肢对地面的作用力，获得地面对人体的反作用力，提高跑速，因此，强有力的快速摆臂动作对提高跑速具有重要的作用。

由此可见，短跑起跑阶段，其专项力量主要包括下肢大负荷条件下的髋、膝、快速蹬伸力量及踝关节、脚趾的支撑缓冲和蹬伸力量。上肢专项力量为快速的摆臂力量。

起跑后加速跑阶段，其力量性质与起跑阶段相近，专项力量依然为快速的下肢蹬伸力量和摆臂力量。

途中跑和终点跑阶段，下肢和上肢的发力性质仍然是快速力量发力，但发力的主要部位与起跑和起跑后加速跑阶段有所不同。起跑和起跑后加速跑阶段主要以髋、膝、踝、脚趾部位肌群的快速蹬伸为主要发力肌群；而途中跑和终点跑阶段不仅需要髋、膝、踝、脚趾部位肌群的快速蹬伸力量，而且需要以髋关节为轴的伸髋肌群的快速力量能力①，研究已证明，以髋为轴的高速前摆动作对提高运动成绩具有十分重要的作用。

100 米、200 米和 400 米跑其下肢肌群发力为先做离心式制动缓冲，后做向心式快速蹬伸，因此，在整个跑动过程中下肢肌群收缩形式为超等长收缩形式。供能特点方面，由于磷酸原系统供能时间仅为 6 ~ 8 秒，因此，在起跑和起跑后加速跑阶段，为磷酸原系统供能；途中跑和终点跑阶段为磷酸原和糖酵解系统混合供能。

2. 田径运动跨栏跑项目专项力量训练内容

110 米跨栏跑全程跑的技术可以分为起跑至第一栏技术、途中跑技术和终点跑技术②。

起跑至第一栏阶段，起跑后通过下肢蹬地发力，上肢的协调摆臂配合，使人体迅速摆脱静止状态，产生向前跑动的加速度，因此，下肢的蹬地力量和上肢的摆臂力量为起跑至第一栏的主要专项力量。下肢的蹬地力量主要包括腿部肌肉力量和髋、膝、踝三个关节的蹬伸力量。

---

① 文超．田径运动高级教程［M］．北京：人民体育出版社，2013：38.

② 同①：134.

途中跑阶段是由跨栏步（跨栏步又包括起跨攻栏、腾空过栏、下栏着地三个阶段）和栏间跑两个部分构成。跨栏步中的起跨攻栏阶段专项力量主要为起跨腿髋、膝、踝三个关节的快速蹬伸力量；腾空过栏阶段专项力量主要为两腿快速做剪绞动作的力量和摆臂力量；而下栏着地阶段专项力量主要包括摆动腿前脚掌支撑力量和起跨腿向前快速提拉的力量。栏间跑和终点跑所需的专项力量性质与短跑较为相似。

跨栏跑运动中能量代谢特点及收缩形式特点与短跑项目基本一致，能量代谢特点主要以磷酸原供能系统为主，以糖酵解为辅的供能方式；肌肉收缩形式主要以下肢的超等长收缩为主。

由此可知，跨栏跑专项力量主要包括跨栏步中的起跨快速攻栏力量、栏上快速剪绞力量和下栏着地支撑力量。具体包括起跨腿髋、膝、踝三个关节的快速蹬伸力量；两腿做快速剪绞动作的力量和快速摆臂力量；摆动腿下栏后前脚掌支撑力量和起跨腿向前快速提拉的力量。

（二）田径运动快速力量性项目专项力量训练内容

田径运动快速力量性项目包括投掷类项目和跳跃类项目。投掷类项目包括铅球、标枪、铁饼和链球；跳跃类项目包括跳远、三级跳远、跳高和撑竿跳高。投掷类项目和跳跃类项目之所以被归类为快速力量性项目，是因为这两类项目均是先通过一定距离的预加速，再在决定运动成绩的关键性技术环节上，以尽可能快的速度发挥最大的力量。根据两类项目技术结构的不同，投掷类项目中，“以尽可能快的速度发挥最大的力量”的这个阶段习惯被称为“最后用力阶段”；而跳跃类项目中，“以尽可能快的速度发挥最大的力量”的这个阶段习惯被称为“起跳阶段”。

“最后用力阶段”和“起跳阶段”是田径运动快速力量性项目的关键性发力阶段，这个阶段对运动成绩起决定性作用。研究表明，投掷类项目最后用力阶段肢体各部位快速发力的力量素质为投掷类项目的核心专项力量；跳跃类项目起跳阶段的快速起跳力量为跳跃类项目中的核心专项力量。撑竿跳高项目技术相对较为复杂，插竿起跳后身体仍需做悬垂、摆体、拉伸及拉转推竿等一系列动作，因此，撑竿跳高专项力量除了起跳阶段的各相关肌群的快速力量为其核心专项力量外，起跳后竿上的一系列动作所需的快速力量也应为其核心专项力量。此外，掷链球项目在抡摆阶段的力量素质对其运动成绩具有重要的作用，因此，抡摆阶段的相关肌群的力量素质也应属于其专项力量。

快速力量性项目的核心专项力量，除了撑竿跳高动作中悬垂和摆体这两个阶段的发力及掷链球项目的抡摆阶段相关肌群不是做最快速度的拉长—缩短收缩之外，其他主要肢体的发力都是做最快速度的拉长—缩短收缩。同时，就其收缩形式及供能特点而言，其收缩形式为超等长收缩，供能特点为磷酸原供能。

1. 快速力量性投掷类项目专项力量训练内容

（1）铅球专项力量训练内容

铅球项目的专项力量主要指最后用力阶段各发力肢体的力量素质。最后用力阶段是从左脚落地到铅球出手①。在最后用力阶段之前，滑步结束后，下肢领先于上体做制动缓冲，上体由背对投掷方向向投掷方向转体发力，此刻，整个身体呈扭紧姿势，形成超越器械，后经下肢蹬伸、展髋转体、上肢推送等一系列爆发式发力动作，将球推出。因此，下肢、上肢及腰、腹、背等相关肌群的肌肉收缩形式为超等长收缩形式，发力的性质为快速爆发式发力，能量供能方式为磷酸原供能，主要发力部位为下肢的快速退让性收缩力量、上肢的快速推送力量及躯干肌群的快速转体力量和髋关节展髋力量。

下肢的快速退让性收缩力量包括髋、膝、踝、脚趾关节的快速制动支撑力量和蹬伸力量；上肢的快速推送力量包括肩、肘、腕、手指为运动链的伸展力量；躯干肌群的快速转体力量包括腰、腹、背等肌群的快速转体力量；髋关节的展髋力量指髋部肌群的快速伸展能力。

（2）标枪专项力量训练内容

标枪项目的专项力量主要指最后用力阶段各发力肢体的力量素质。最后用力阶段是指投掷步最后一步右脚（以右手持枪为例）着地后，左脚着地前至标枪出手的技术阶段。在最后用力阶段，下肢和上肢各肌群肌肉的收缩形式为超等长收缩，发力性质为快速爆发式发力，供能特点为磷酸原供能，主要发力包括下肢的退让性收缩力量、上肢的快速鞭打力量和躯干的快速转体、收腹、振胸等力量素质。

---

① 文超．田径运动高级教程［M］．北京：人民体育出版社，2013：311.

下肢的快速退让性收缩力量包括髋、膝、踝、脚趾关节的制动支撑力量和快速的蹬伸力量；上肢的快速鞭打力量包括以肩、肘、腕、手指为运动链的快速力量；躯干肌群的快速转体、收腹、振胸的力量包括腰、腹、背等肌群的快速力量能力。

（3）铁饼专项力量训练内容

掷铁饼项目最后用力阶段是指形成双腿支撑后至铁饼出手的最后发力阶段。在最后用力阶段，下肢和上肢肌群肌肉均为先拉长后缩短的超等长收缩形式，发力性质为快速爆发式发力，供能特点为磷酸原供能，主要专项力量包括下肢的退让性收缩力量；上肢的快速鞭打力量和躯干的快速转体力量。

下肢的快速退让性收缩力量包括投掷臂异侧腿髋、膝、踝、脚趾的制动支撑力量和最后发力瞬间双腿的快速蹬转力量；上肢的快速鞭打力量主要指以胸带臂的快速鞭打力量；躯干肌群的快速转体力量主要包括髋关节肌群的快速展髋力量和腰、腹、背部肌群相互协调的快速转体力量。

（4）链球专项力量训练内容

链球技术阶段中主要的专项力量素质，除了最后用力阶段之外，抡摆阶段的各肢体力量也是较为重要的专项力量。其中，最后用力阶段所需的专项力量主要包括下肢的支撑制动力量和快速蹬转力量，躯干肌群中腰、腹、背相关肌群相互协调的快速转体力量和快速展髋力量及上肢以胸带臂的快速“鞭打”力量。掷链球运动抡摆阶段所需的专项力量主要指上肢的抡摆力量、下肢的支撑蹬转力量。

投掷类快速力量性项目的专项力量，除了掷链球项目的抡摆、旋转阶段所需的力量外，主要指最后发力阶段的各肢体关节、肌群的力量素质。各肢体肌群的收缩形式多为拉长—缩短收缩，发力性质为爆发式快速发力，肌肉的供能系统为磷酸原供能。下肢髋、膝、踝、脚趾的支撑制动力量和下肢快速的蹬伸或蹬转力量为下肢专项力量训练的主要内容；躯干部位的展髋肌群力量、腰腹背部肌群协助下肢转体力量为躯干部位专项力量训练的主要内容；上肢以胸带臂的快速鞭打力量为上肢专项力量训练的主要内容。

综上所述，投掷类各项目间专项力量训练内容应有所区别，主要体现在各肢体的发力方向和所采用训练方法的负荷重量上。投掷类项目各项的发力方向均有所不同，因此，在训练中应结合专项的运动力学特征进行科学合理的安排。在负荷重量上，虽然绝大多数专项力量均要求为最快速度的爆发式发力，但以多大的负荷重量进行最快速度爆发式发力应有所不同，链球项目的身体负荷在实际的比赛中可能是四个投掷项目中负荷重量最大的，而标枪项目的负荷重量则相对较小。所以，链球的专项力量训练相对标枪而言，负荷重量明显侧重于更大重量的快速力量负荷练习，掷铅球和掷铁饼项目次之，掷标枪项目为最小。因此，在不同投掷项目的专项力量训练中要注意在负荷重量上有所区别。

此外，虽然投掷类项目的专项力量主要表现在最后用力阶段，但在专项力量训练时，也应适量安排一些其他技术阶段或整体技术阶段的专项力量练习，以全面发展专项力量素质。

2. 快速力量性跳跃类项目专项力量训练内容

快速力量性跳跃类项目包括跳远、三级跳远、跳高和撑竿跳高。跳跃类快速力量性项目的技术主要由助跑、起跳（三级跳远为三次起跳）、腾空或过杆（撑竿跳高为一系列竿上动作）、落地或落垫四个环节组成。在跳跃类快速力量性项目实际专项身体训练中，习惯把助跑训练和过杆训练作为专项速度训练的一部分，而把起跳阶段和撑竿跳高竿上动作阶段的各肢体力量作为专项力量训练的重要内容。包括撑竿跳高项目在内，起跳力量都是跳跃类项目专项力量训练的核心内容（撑竿跳起跳后竿上动作的专项力量训练也是专项力量训练的核心内容）。跳跃类项目中起跳力量主要包括起跳腿起跳时的支撑、退让、蹬伸力量和摆腿与摆臂（撑竿跳上肢表现为插竿后双手握竿的支撑力量）的摆动力量。跳跃类项目起跳过程，通过助跑获得较高的速度后，起跳腿先后完成支撑、退让、蹬伸一系列动作，先后完成了三种收缩形式：离心退让收缩、等长收缩和向心收缩①。起跳腿的向心收缩是在离心退让收缩的基础上完成的，这种离心退让收缩不仅起到制动缓冲的作用，而且对弹性势能的存储与利用有重要作用②。起跳腿的这种收缩形式符合超等长收缩的特点。因此，在对其进行专项力量训练时，要多运用超等长收缩的肌肉工作方式进行训练。

摆腿与摆臂在跳跃类快速力量性项目中的作用，不仅能起到协调起跳腿完成

---

① 田麦久. 运动训练学［M］. 北京：人民体育出版社，2000：254.

② 同①：255.

起跳动作，维持身体平衡，形成合理的身体起跳姿势，而且能通过向上的摆腿、摆臂，增加起跳腿对地面的冲击，提高起跳效果。由于摆腿、摆臂也是在起跳过程中瞬间完成的，因此，摆腿、摆臂的发力性质也属于快速力量发力范畴。

撑竿跳高技术不仅是跳跃类项目中最复杂的运动项目，而且在所有田径项目中其技术难度也是首屈一指的。其中，起跳阶段不同于其他三项跳跃项目，撑竿跳高没有摆臂动作，而是在起跳的同时，通过相隔一定距离的双手强有力地握竿，使身体悬垂在撑竿上；而后通过主动摆动身体，即摆体，使身体强有力地冲击撑竿，并迫使撑竿弯曲等，这些动作均需要双臂具有强大的支撑力量。双臂的这种支撑力量就其发力性质而言，因插竿起跳、悬垂、摆体等一系列动作是在很短时间内完成的，因此双臂的这种支撑力量应归属于快速力量，且为快速力量中的制动力量范畴。此外，在摆体阶段，运动员需在双手持竿悬空的条件下完成屈膝团身动作，这需要强有力的腰腹力量。撑竿跳高插竿起跳、悬垂、摆体动作完成之后，进入伸展阶段。伸展阶段是人体利用撑竿弹性力量的主要阶段，其效果将直接影响运动员的腾起高度①。伸展阶段主要是通过把摆体阶段完成的屈膝团身动作，随弯曲撑竿的反弹力，使身体向上充分伸展，这些动作的完成不仅需要双臂强有力的支撑能力，而且要有很好的腰腹力量能力。

拉竿推竿阶段，身体要完成一个绕纵轴转体的动作，同时需要完成快速有力的推竿动作，因此，对其专项力量训练中，对身体绕纵轴转体的力量及快速的推竿能力均要采用专门的方法、手段进行训练。

综上所述，起跳过程中，起跳腿的收缩形式属于超等长收缩，发力性质为快速力量发力，供能特点为磷酸原供能。另外，撑竿跳高上肢的专项力量主要包括双臂的快速制动力量和推送力量，收缩形式分别为等长收缩和向心收缩两种形式，躯干部位专项力量包括腰、腹、背部快速收、伸及转体力量。

需要说明的是，虽然跳跃类项目的专项力量主要表现在起跳阶段，但在专项力量训练时，也应适量安排一些其他技术阶段和整体技术阶段的专项力量练习，以全面发展专项力量素质。

---

① 文超．田径运动高级教程［M］．北京：人民体育出版社，2013：289.

（三）田径运动耐力性项目专项力量训练内容

1. 田径运动中长跑项目专项力量训练内容

中跑包括800米和1500米跑，长跑包括3000米及以上距离跑项目。中长跑同短跑一样，均属于克服自身重量的周期性项目，因此，中长跑和短跑在跑动中的动作结构、发力肌群较为相近。但在发力性质上，二者却完全不同。短跑项目的发力特点主要是以大力量强度的快速发力，而中长跑项目的发力特点主要是以中、小力量强度的快速间歇性的持续发力，因此，短跑项目的专项力量主要指大负荷条件下的快速力量，而中长跑项目的专项力量主要为中、小力量负荷条件下长时间间歇性的快速力量耐力。

在跑类周期性项目中，均是通过下肢对地面施加作用力向前跑进的，其中髋、膝、踝、脚趾部位肌群的快速蹬伸力量和踝、脚趾部位肌群的支撑缓冲力量具有重要的作用。此外，两腿以髋关节为轴的高速摆动能力对跑速具有决定性作用，其发力部位主要为髋关节部位的伸髋肌群。上肢的发力主要表现为摆臂力量。

由此可知，中长跑专项力量主要包括下肢摆腿力量、支撑及蹬伸力量和摆臂力量。摆腿力量主要指以髋关节为核心的伸髋肌群的力量，支撑及蹬伸力量主要包括髋、膝、踝、脚趾部位肌群的快速蹬伸力量和踝、脚趾部位肌群的支撑缓冲力量。

中长跑项目的肌肉主要收缩形式和短跑项目一样，均表现为下肢的超等长收缩。

就每个步态周期发力而言，短跑与800米、1500米及长跑各项均有不同，距离越短，每个步态周期内下肢相关肌群的发力越小，而发力的时间相对越长，在专项力量训练中应引起注意。

在供能特点上，800米跑更侧重于糖酵解系统供能，有氧代谢占30%，无氧代谢占70%，1500米跑有氧、无氧代谢各占50%[①]，长跑更侧重于有氧训练。

但需要指出的是，长跑项目的专项力量训练，要注意动作练习的速度控制，长期过多的低速训练，无疑会增加练习肌群的肌肉体积，这必然会增加运动员在跑动中的负担；而高度激活的运动单位就会过早衰竭，影响运动单位的持续发力，

---

① 文超. 田径运动高级教程［M］. 北京：人民体育出版社，2013：75.

所以，在进行专项力量训练时，应使练习保持较快的速度。要控制好练习的速度，既不能采用低速的练习，也不要采用最快速度的练习，而是采用小负荷或中等负荷条件下的较快速度练习，且项目距离越长，负荷重量相对越小。

2. 田径运动竞走专项力量训练内容

竞走属于体能主导类耐力性项目，因此，耐力素质是竞走项目的主导性身体素质。目前，随着竞走项目的不断发展，训练水平和运动成绩的日益提高，运动中无氧代谢供能比例相应增加。其中包括开始阶段的加速、途中阶段的战术超越及终点阶段的最后冲刺，都需要良好的无氧代谢供能能力。结合竞走运动技术可知，竞走的主要发力部位为骨盆复合转动肌群、膝关节伸膝动作的胫骨前摆肌群及踝关节背屈、趾屈的相关肌群。而鉴于竞走项目是克服自身重量的长距离周期性项目，因此，发展竞走项目的专项力量，主要发展上述各肌群的力量耐力素质，训练方法多采用以轻重量或克服自身重量的重复训练法或间歇训练法。

二、田径运动项目专项速度训练内容分析

速度素质是指人体快速运动的能力①。速度素质包括反应速度、动作速度和移动速度。因此，专项速度能力的优劣主要体现在专项的反应速度、动作速度和移动速度能力上。

反应速度是指人体对各种信号刺激（声、光、触等）快速应答的能力。反应速度通常在田径运动短距离竞赛项目中具有重要的作用，尤其对 100 米跑和女子 100 米栏、男子 110 米栏项目作用就更为突出。优秀运动员最快的反应时几乎接近 0.1 秒，而在 100 米跑和 110 米跨栏跑项目中，相差 0.01 秒就可能会决定比赛的胜负。

动作速度是指人体或人体某一部分快速完成某一个动作的能力。动作速度往往与运动肢体肌群的快速力量能力有着密切的关系，肢体肌群快速力量能力越强，肢体最大动作速度越快，肢体肌群的快速力量能力对动作速度起决定性作用。因此，在对人体或人体某一部分肢体进行动作速度训练时，往往采用快速力量的训练方法。而发展快速力量的练习一般可分为两种：一是完成动作时采取最快的

① 田麦久. 运动训练学［M］. 北京：人民体育出版社，2000：206.

（个体最高的）或接近于最大的速度，通常称为“纯速度练习”①，这种练习往往是采用小于专项标准器械负重或不负重情况下进行的练习；二是采用超过项目标准器械或比赛“负荷”的练习，习惯上称为“速度力量练习”②；而超过专项标准器械或比赛“负荷”的练习主要侧重于力量能力的增强，其动作速度的提高是由于力量能力增加的缘故，应属力量训练范畴，是动作速度的间接发展方法。而本文是把力量训练与速度训练进行更细微的区分，是从动作速度提高的本质特征，即提高神经兴奋与抑制交替转换的频率及神经系统灵活性来发展的。显然，本研究的动作速度的发展应采用“纯速度练习”，所采用的负荷重量也应小于专项本身负荷或仅克服自身重量。

移动速度是指人体在特定方向上位移的速度③。田径运动项目中位移速度主要指径赛项目中的跑或走的速度及田赛项目中的助跑阶段的速度。在训练学中，移动速度也称位移速度，其速度的快慢主要由步长的大小和步频的快慢共同决定，步长主要取决于肌力的大小、肢体的长度及髋关节的柔韧性；而步频主要取决于大脑皮质运动中枢的灵活性，以及快速纤维的百分比及其肥大程度④。

（一）田径运动速度性项目专项速度训练内容

田径运动速度性项目包括短跑和跨栏项目，此类项目要求在最短的时间内以最高的平均速度完成全程距离；而平均速度是由反应速度、动作速度和位移速度共同决定的。其中，反应速度在短跨项目中起跑阶段具有重要的作用；而动作速度和位移速度在全程都具有重要的作用。因此，田径运动速度性项目专项速度的训练内容应主要包括专项反应速度、专项动作速度和专项位移速度。

短跨项目的专项反应速度主要指运动员听到发令枪响后至机体发出起动指令的时间。从生理学角度分析，反应速度的好坏主要取决于反应时间的长短和对运动条件反射的巩固程度；而反应时间的长短主要取决于感受器对刺激的敏感程度、中枢延搁和效应器的兴奋性⑤。

---

① 列·巴·马特维耶夫．体育理论与方法［M］．姚颂平，译．北京：北京体育大学出版社，1994：209.

② 同①：194.

③ 田麦久．运动训练学［M］．北京：人民体育出版社，2000：207.

④ 王瑞元．运动生理学［M］．北京：人民体育出版社，2012：344.

⑤ 同④：343.

动作速度主要指完成单个动作时间的长短，所以，专项动作速度主要指完成专项单个动作时间的长短。短跑项目的专项动作速度主要包括以髋关节为轴的高速摆动与平动的动作速度和摆腿、摆臂的动作速度。跨栏跑项目的专项动作速度主要包括起跨攻栏的动作速度、两腿剪绞的动作速度、摆动腿过栏后积极下压的动作速度及起跨腿过栏后向前提拉的动作速度。

位移速度主要指单位时间内通过的距离。短跑项目专项位移速度主要取决于步长和步频。步长又主要取决于发力肌群肌丝纤维的肥大程度、下肢的长度及髋关节的柔韧性；而步频主要取决于大脑皮质运动中枢的灵活性和各中枢间的协调性，以及快肌纤维的百分比及其肥大程度①。跨栏跑专项位移速度主要取决于步长（起跑及冲刺阶段）、步频、栏间节奏及栏间的衔接能力。

（二）田径运动快速力量性项目专项速度训练内容

1. 田径运动快速力量性投掷类项目专项速度训练内容

田径运动快速力量性投掷类项目专项速度训练主要是发展预加速阶段的速度和最后用力的动作速度。预加速阶段速度包括预加速阶段的位移速度和动作速度，预加速阶段位移速度主要指铅球项目的滑步速度、铁饼和链球的旋转加速及标枪项目的持枪助跑速度；预加速阶段的动作速度主要指掷铅球、铁饼和链球的滑步或旋转阶段的动作速度。田径运动快速力量性项目中，标枪项目的专项助跑速度，可以参考短跑项目发展其绝对速度，在此基础上，结合项目特点，采用有节奏的徒手或持枪进行专门性助跑训练。铅球、铁饼和链球的滑步或旋转阶段的动作速度可采用较轻负荷（链球可采用不同的链长）进行专门的速度训练。

最后用力的动作速度训练，可采用与最后用力的专项力量练习手段进行训练。与专项力量不同的是，专项动作速度训练需在“直接”或“间接”减负荷的条件下进行，其训练负荷小于实际比赛中的负荷。

2. 田径运动快速力量性跳跃类项目专项速度训练内容

田径运动快速力量性跳跃类项目专项速度训练内容主要包括各项目的位移速度和动作速度。位移速度主要指助跑速度，动作速度主要包括各项目的起跳速度及跳高项目的过杆速度和撑竿跳高项目的悬垂、摆体、伸展、拉竿、推竿及过杆

---

① 王瑞元．运动生理学［M］．北京：人民体育出版社，2012：344.

速度。

跳跃类项目的位移速度可参考短跑项目中位移速度的训练方法，目的在于提高平跑的绝对速度能力，同时结合专项助跑特点，在保持专项助跑节奏的前提下，提高专项速度能力。其中，背越式跳高采用弧线助跑进行专门训练，撑竿跳高采用持竿助跑等方法、手段进行专门训练。

跳跃类项目的专项动作速度还包括起跳速度训练，起跳速度训练应在“直接”或“间接”减负荷的条件下进行，其起跳时负荷一般小于专项动作中承受的负荷。

跳跃类项目跳高过杆速度及撑竿跳高项目中的悬垂、摆体、伸展、拉竿、推竿及过杆等一系列的动作速度训练，多结合专项技术训练方法进行训练。

（三）田径运动耐力性项目专项速度训练内容

1. 田径运动中长跑项目专项速度训练内容

中长跑项目专项速度训练内容主要指位移速度。在实际比赛中，中长跑项目的速度，往往不是其最大的绝对速度能力，因此，在其专项速度训练中，多采用克服自身重量的短距离跑来发展其专项速度。发展方法可参考短跑专项位移速度的方法，但在步幅上应大于短跑训练而步频上低于短跑训练。

2. 田径运动竞走项目专项速度训练内容

竞走项目属于典型的周期性耐力项目，而速度素质的优劣直接决定着运动成绩的好坏。而且，随着运动水平的不断提高，对速度素质的要求也越高，包括运动员起走时的加速走、途中战术需要的加速走及终点冲刺等速度素质。竞走项目的专项速度能力主要取决于动作速度和位移速度能力。其中，动作速度主要包括摆臂速度、髋部骨盆的复合转动速度、双腿交替前摆速度及脚背的伸屈速度。训练中多采用提高位移速度的方法发展动作速度；而位移速度主要取决于步长和步频，发展方法多采用不同条件（下坡、助力等）或不同速度（强度）的完整技术练习。

三、田径运动项目专项耐力训练内容分析

耐力素质是指有机体坚持长时间运动的能力。根据耐力与专项的关系，耐力素质可分为一般耐力和专项耐力，其中，专项耐力主要指在专项的负荷条件下保持长时间的运动能力。专项耐力又可分为速度耐力和力量耐力。速度耐力侧重于

项目位移速度保持的持久性；而力量耐力则更侧重于项目中参与运动肌群力量保持的持久性。

而按照人体的生理系统分类，耐力素质可分为肌肉耐力和心血管耐力，肌肉耐力也称力量耐力；心血管耐力又分为有氧耐力和无氧耐力①。在实际的运动中，并不存在单一的有氧或无氧供能项目，只是项目更偏重于有氧或无氧供能而已，运动中往往是有氧和无氧同时参与供能。

有研究表明，根据不同项目所需运动时间的长短，把项目所需的耐力分为短时间、中时间和长时间耐力，其中，短时间耐力指项目持续时间在 45 秒到 2 分钟之间的运动；中时间耐力指项目持续时间在 2 分钟到 8 分钟之间的运动；而长时间耐力指项目持续时间超过 8 分钟，而且运动期间速度不出现明显降低的运动②。需要指出的是，文中并没有把短于 30 秒的运动项目的耐力进行归类，我们认为，短于 30 秒的运动项目耐力应归属于短时间耐力，如田径运动中的投掷类项目、跳跃类项目和短跑、跨栏项目等。

从已有的对有关耐力素质分类可知，从不同的角度可以把耐力素质分为不同的类别。但本文主要是针对不同项目进行的专项耐力研究，重点是研究单个项目中的专项耐力，那么，就应从专项耐力的角度进行分类。而上述分类中按项目运动时间长短进行的耐力分类，显然不能作为本研究分类的依据，因为这种分类方法是针对所有的运动项目，把所有项目按运动时间的长短进行耐力分类，并不涉及单个项目的耐力素质分类，因此，这种分类方法不适用于专项耐力的分类。

从心血管耐力的有氧耐力和无氧耐力的外部运动表现来看，有氧耐力，即为速度较低的耐力；而无氧耐力，即为速度较高的耐力。显然，这种分类方法就其本质而言，是从力量耐力和速度耐力角度进行分类的，而且又根据速度耐力中的“速度”高低进行了下位分类。因此，这种分类可以表述为：耐力素质可分为力量耐力和速度耐力，而速度耐力又可分为低强度的有氧耐力和高强度的无氧耐力。而在实际的项目运动中，并不存在单一的有氧供能和无氧供能，往往是以某种代谢供能为主，以另一种代谢供能为辅的混合供能方式。

综上所述，这种分类方式与专项耐力的分类“不谋而合”，即均是从力量和速

---

① 田麦久．运动训练学［M］．北京：人民体育出版社，2000：216.

② 王卫星．体能训练理论与实践［M］．北京：高等教育出版社，2012：91.

度两个指标上进行耐力素质分类。

因此，某种项目的专项耐力完全可以从专项力量耐力和专项速度耐力两种耐力子素质进行深入分析。其中的专项力量耐力根据项目需要的力量素质不同，又可分为专项爆发力耐力和专项非爆发力耐力；而其中的专项速度耐力，可根据项目特点采用不同的速度（强度）与距离组合（在专项耐力训练方法中有详细分类及分类原理分析），以便有所侧重地发展有氧代谢、无氧代谢或混合代谢能力。

在以往的运动项目专项耐力研究中，尤其是在耐力性项目的专项耐力研究中，对其项目的专项耐力的要求是“用尽可能高的平均速度通过全程[①]”，这本身没有错，但有相当一部分教练员误认为，此项目的专项耐力就是高速度、高强度的速度保持能力。于是，这部分教练员就盲目采用没有距离要求的高速度、高强度位移速度训练，用此方法来发展此项目的“专项耐力”，结果却发现运动成绩徘徊不前，甚至有所下降。殊不知，专项耐力并不仅仅包含高强度、高速度的无氧耐力成分，而且根据项目的特点不同还包含有中、小强度耐力，即有氧耐力或有氧无氧混合耐力成分。

因此在训练中，应根据田径运动项目的比赛距离长短，采用不同速度（强度）与距离组合来发展专项的位移速度耐力。

此外，专项耐力训练中，还应结合专项身体素质训练的机制原理特征，使专项耐力训练在神经支配结构特征、肌肉收缩形式特征、能量代谢特征及专项的运动力学特征上符合专项训练的要求，就能更好地把握专项耐力训练方向，防止耐力训练方法、手段偏离专项耐力训练的轨道。

（一）田径运动速度性项目专项耐力训练内容

专项耐力对速度性项目运动成绩具有重要的作用，尤其是在最后的冲刺阶段。有研究指出，所有短距离项目的成绩均要受到速度耐力，即无氧耐力水平高低的影响[②]。因此，速度性项目专项耐力训练应包含专项力量耐力训练和专项位移速度耐力训练两方面的内容。在短跨项目中，专项力量耐力训练主要是为了发展运动员局部肢体或全身长时间、高强度快速发力的持久能力，属于爆发性力量耐力。

---

① 田麦久．运动训练学［M］．北京：人民体育出版社，2000：222.

② 田径教研室教材编写组．田径运动（下册）［M］．北京：北京体育学院出版社，1990：54.

具体包括快速摆臂的力量耐力、以髋关节为轴的高速摆动与平动动作的力量耐力、下肢制动支撑、蹬伸的力量耐力及维持身体平衡的力量耐力。这些专项力量耐力的训练多采用在一定范围内高于专项力量负荷的较长时间的练习。而专项速度耐力训练是在不负重或轻负重的条件下进行的位移速度保持能力的练习。专项速度耐力训练主要是为了发展保持专项运动中两腿快速交替前摆频率的持久能力。

（二）田径运动快速力量性项目专项耐力训练内容

田径运动快速力量性项目对专项耐力要求相对于其他田径项目来说较小。这类项目的专项耐力主要体现在保持良好状态进行每一跳或每一投的能力。当然，绝大多数运动员为了跳出或投出更好的成绩，都不会主动放弃自己的试跳或试投次数（最多6次），在这最多6次的试跳或试投中，既有一定距离的助跑，也有最后阶段的发力，因此，这类项目所需的专项耐力表现为速度耐力和力量耐力，而主要表现为力量耐力。高水平跳高和撑竿跳高比赛持续时间往往可达2小时左右。运动员在每一次试跳中，不仅有高速的助跑，而且有接近最大、最快力量的发挥；在后续的试跳中，由于试跳高度越来越高，比赛强度越来越大，所需的速度能力和力量能力越来越强，要不断地越过横杆，就需要运动员具有很好的助跑速度和起跳力量。从能量代谢角度分析，则需要具有良好的糖原储备能力、及时消除乳酸能力和短时间内再合成 ATP - CP 的能力。因此，对跳高和撑竿跳高运动员而言，具备良好的速度耐力和力量耐力对获得优异运动成绩具有重要的作用。

（三）田径运动耐力性项目专项耐力训练内容

1. 田径运动耐力性项目中跑专项耐力训练内容

中跑项目包括800米和1500米，中跑运动过程中，供能特点主要表现为有氧、无氧混合供能。有研究认为，800米跑运动中无氧供能占70%，有氧供能占30%；1500米运动中无氧、有氧供能各占50%①；而近年来的研究认为，800米是有氧与无氧供能各占50%的项目，甚至认为400米才是有氧和无氧供能1:1的分水岭②。上述的研究虽不能准确地确定有氧、无氧供能1:1的分水岭，但均认为有氧、无氧

① 文超．田径运动高级教程［M］．北京：人民体育出版社，2013：75.

② 褚云芳，陈小平．对耐力训练中“有氧”与“无氧”若干问题的重新审视［J］．体育科学，2014（4）：88.

混合供能为其主要供能形式，且以有氧供能占较大的比例。

由此可见，无论800米还是1500米，无氧耐力和有氧耐力均为其重要的耐力素质，且均是专项耐力训练中的重要组成部分，二者缺一不可。因此，中跑的专项耐力训练可采用高于“无氧阈的负荷强度”和低于“无氧阈训练强度”的耐力练习作为专项耐力训练内容。

中跑项目的专项耐力训练可以围绕力量耐力和速度耐力进行安排，其中速度耐力可以根据不同的训练速度（强度）和距离组合，有所侧重地发展有氧、混氧或无氧耐力能力。

根据中跑运动的技术特点，专项力量耐力主要表现为长时间的支撑、摆动力量能力，因此，专项耐力训练可在负轻重量和中等重量条件下，安排局部的长时间跑、跳专门练习（如200~400米小步跑、高抬腿、后蹬跑、跨跳）和完整技术的上坡、沙滩、草地等跑、跳练习；同时结合克服自身体重的各种“短跳”和“长跳”练习来发展力量耐力。而专项速度耐力训练可以采用克服自身体重的跑、跨的不同速度（强度）与距离组合练习。根据项目的距离长短不同，进行跑、跨的速度（强度）和练习距离的安排应有所区别，项目的距离越短，训练时整体的速度（强度）和距离组合强度应越大，反之亦然。

2. 田径运动耐力性项目长跑专项耐力训练内容

长跑项目包括长跑、超长跑，两个项目的运动距离虽然不同，但其专项耐力训练特点却有共同之处。

长跑运动员的专项耐力训练，其实质也是速度耐力训练，即保持一定速度水平条件下的长时间运动能力。长跑项目的运动时间一般要超过8分钟，是典型的以有氧代谢供能为主的项目，有氧耐力水平对长跑项目的运动成绩起关键性作用；但随着长跑项目的不断发展，运动成绩的不断提高，长跑中无氧代谢能力水平对比赛成绩越来越重要，如比赛的起跑阶段、途中加速超越阶段及最后冲刺阶段等都需要以无氧代谢供能为主，无氧代谢能力的作用日益凸显。因此，在安排长跑专项耐力训练时，不仅应包含大量的有氧耐力练习，也应包含一定比例的无氧耐力练习，尤其是以乳酸能代谢为主的耐力训练。

长跑项目同中跑项目一样，无氧耐力和有氧耐力均为其重要的耐力素质，无氧耐力和有氧耐力均为其专项耐力训练的重要内容。20世纪90年代，一些研究人员提出的“两极化模式”训练就印证了这一点。他们在对世界级高水平长跑运动员采用“两极化模式”进行的耐力训练中，采用了低于乳酸阈的强度（占总训练时间或训练总距离的75%）或明显高于乳酸阈的强度（占15%~20%），而很少采用乳酸阈强度（约5%）[①]，并获得了不错的训练效果。

长跑运动员的专项有氧耐力训练，多采用低于比赛强度的间歇跑、重复跑和变速跑，在跑动距离上，采用超过比赛距离的1.5~2倍的练习。长跑运动员专项无氧耐力训练多采用间歇跑和重复跑，主要发展乳酸代谢供能能力，练习距离可采用200~300米、400~600米、1000~1600米、2000~4000米，甚至8000米距离跑动练习。

3. 田径运动耐力性项目竞走专项耐力训练内容

竞走属于耐力性周期项目，按运动时间长短来分，属于长时间耐力项目。竞走项目的专项耐力主要以专项速度耐力训练为主，专项力量耐力训练为辅。竞走运动中能源供给主要以有氧代谢供能为主，但近年来，随着竞走运动水平的不断提高，对速度素质的要求越来越高，包括运动员起走时的加速走、途中战术需要的加速走及终点冲刺等，所以无氧供能练习的比例有所增加。竞走运动员力量耐力训练手段包括负重或不负重条件下的摆腿、侧向摆腿、交叉摆腿及前倾提踵练习。速度耐力练习主要为不同速度（强度）和距离组合的间歇训练法、重复训练法、变速训练法及比赛训练法。随着竞走运动水平的不断提高，对速度素质的要求也越来越高，包括提高运动员起走时的加速走、途中走战术的安排及终点冲刺等速度素质水平。

四、田径运动项目专项协调性和灵敏性训练内容分析

协调素质是重要的身体素质之一，协调素质的优劣对运动成绩水平的高低起至关重要的作用。协调素质是指运动员在运动时，机体不同器官系统、不同部位协同配合完成技术动作的能力[②]。运动协调能力是综合的神经机能能力，主要由反应能力、空间定向能力、本体感知能力、节奏能力、平衡能力、动作认知能力等

---

① 陈小平．竞技运动训练实践发展的理论思考［M］．北京：北京体育大学出版社，2008：162.
② 王卫星．高水平运动员体能训练的新方法［M］．北京：北京体育大学出版社，2013：102.

多种要素构成[①]。此外，随意放松肌肉能力也是协调能力的一种构成要素[②]。

虽然协调素质是由反应能力、空间定向能力、本体感知能力、节奏能力等多种能力构成，但不同的运动项目，对运动成绩起主要作用的协调子能力构成并不相同，其中一些协调子能力会起主要作用，而另外一些协调子能力可能仅起辅助作用。如在100米跑运动中，起重要作用的协调能力包括反应能力、平衡能力、节奏能力和随意放松能力；而在110米跨栏跑运动中，起重要作用的协调子能力除了上述子协调能力外，还包括良好的时间空间感知能力。投掷类项目运动中，协调能力应包括平衡能力、节奏能力和空间定向能力。在跳跃项目运动中，对协调能力的要求更高，对几乎所有协调能力要素的子能力都有较高要求。

按照神经系统综合控制部位的不同分类，协调素质可分为肌肉协调与动作协调。肌肉协调主要指某一个动作中主动肌、辅助肌和对抗肌之间的相互协作配合。而动作协调主要指动作的不同阶段、不同环节之间的相互配合与衔接。

按照运动中协调与运动专项关系的密切程度分类，协调能力可分为一般协调能力和专项协调能力。一般协调能力指运动员完成各种运动时所需要的普适性协调能力；专项协调能力指运动员完成专项运动时所需要的专门性协调能力；专项协调能力反映着此项目运动员速度、力量、精确、流畅、平衡地完成专项技术和与专项技术密切相关的各种联系动作的能力[③]。

灵敏素质是指在各种突然变换的条件下，运动员能够迅速、准确、协调地改变身体运动的空间位置和运动方向，以适应变化着的外环境的能力[④]。从运动专项角度分析，灵敏素质可分为一般灵敏素质和专项灵敏素质。一般灵敏素质是指在完成各种复杂动作时所表现出来的应变能力。专项灵敏素质是指根据各专项运动所需的、与专项技术有密切关系的，以及适应变化着的外界环境的特有能力。根据神经系统综合控制特点，灵敏素质可分为反应灵敏和动作灵敏。反应灵敏是指在突然变化的外环境条件下快速的反应能力；动作灵敏是指在突然变化的外环境条件下人体或人体某一部位表现的动作速度快慢。动作灵敏是速度、力量、柔韧、

---

① 田麦久．高水平竞技选手的科学训练与成功参赛［M］．北京：人民体育出版社，2014：76.

② 弗·尼·普拉托诺夫．奥林匹克运动员训练的理论与方法［M］．黄签名，等译．天津：天津大学出版社，2014：353.

③ 王卫星．高水平运动员体能训练的新方法［M］．北京：北京体育大学出版社，2013：101.

④ 田麦久．运动训练学［M］．北京：人民体育出版社，2000：230.

协调、平衡等多种素质的综合反应，是一种综合素质。从运动中灵敏素质的表现和应用分类，可分为闭式灵敏和开式灵敏。闭式灵敏和开式灵敏又分别可称为程序化灵敏和随机灵敏。闭式灵敏指在预先设计好的计划、可预知及稳定的环境下进行的灵敏性训练，而开式灵敏是指在没有预先设计好的程序或在随机变化的环境下进行的灵敏训练①。

从上述对协调素质和灵敏素质的分析可以看出，二者之间具有密切的关系。苏联学者马特维耶夫（1987）指出："运动协调能力是灵敏性的基础。"而我国学者王卫星对灵敏性和协调能力的相互区别和联系进行了更为详细的分析。

由表3－1可以看出，协调能力对运动成绩起重要作用的主要是以"闭锁性"技能为主的运动项目；而灵敏性对运动成绩起重要作用的主要是以"开放性"技能为主的运动项目。在田径运动项目中，无论跑、跨、跳跃，还是投掷类项目，多以"闭锁性"技能为主，因此，田径运动中协调能力对运动成绩的实际作用更为突出。

表3－1　灵敏性与协调能力的相互区别与联系

区别与联系	协调能力	灵敏性
定义	运动员机体协调配合，完成动作的能力	运动员在各种变化条件下改变身体运动的能力
特征	以"闭锁性"技能为主，动作连贯，持续时间较长	以"开放性"技能为主，动作单一，过程短，变化突然
作用	提高机体对各种动作的接受和分辨能力	提高机体对付外界事物变化的动作应变能力
基础来源	神经系统的生理机制	协调能力和心理机能
表现方式	调节自身动作，受外界影响小	变向能力
相互关系	是灵敏性的基础	是协调能力的高级表现形式

（引自王卫星，2013）

① 王卫星．高水平运动员体能训练的新方法［M］．北京：北京体育大学出版社，2013：101.

鉴于灵敏素质和协调能力这两种素质在田径运动中的作用是相互交织、彼此相融的，因此，本部分内容对两种素质进行合并分析、探讨。

（一）田径运动速度性项目专项协调、灵敏素质训练内容

短跑、跨栏跑要求在高速运动的条件下完成各种技术动作，因此，高度发展协调、灵敏素质对短、跨项目运动成绩至关重要，良好的协调性、灵敏性是人体大脑更高效地指挥各机体组织协同工作的综合体现。在短、跨项目运动中，快速的反应能力不仅可以缩短起跑反应时间，而且可以及时调整动作的节奏。良好的时间感知能力可以提高栏上与栏间动作的衔接，提高整体动作节奏；良好的空间感知能力有助于及时调整起跨点与栏的距离，感知栏架的高度等；此外，通过各关节肌群的协调配合，便于维持身体平衡。

协调素质中的反应能力、身体平衡能力、节奏能力、空间时间感知能力和放松跑能力等均对获得优异运动成绩起重要作用。

因此，在短、跨项目运动员的协调性、灵敏性训练中，应着重发展反应能力、身体平衡能力、节奏能力、时间空间感知能力和放松跑能力等协调、灵敏子能力。

（二）田径运动快速力量性项目专项协调、灵敏素质训练内容

田径运动快速力量性项目均是在极短的时间内完成关键技术动作，而在这极短的时间内，无论是某一个动作相关肌群的发力顺序、肌肉发力的时机还是不同技术动作链之间的无缝衔接，都需要具有极高的协调配合能力。

田径运动快速力量性项目中投掷类项目，在滑步或旋转阶段，要求运动员具有良好的平衡能力、空间感知能力、节奏感能力及各肢体动作的协同配合能力。在滑步或旋转阶段后与最后用力动作之间还需要良好的时间感知能力。此外，最后用力后维持身体平衡阶段对身体的平衡能力等都有较高的要求。

在田径运动快速力量性项目跳跃类项目中，助跑与起跳之间的衔接、摆腿与摆臂的协同配合、空中一系列动作的发力时机、发力顺序、高度跳跃项目中横杆的空间感知能力等都需要具备良好的协调能力。

（三）田径运动耐力性项目专项协调、灵敏素质训练内容

1. 田径运动耐力性项目中长跑项目专项协调、灵敏素质训练内容

田径运动耐力性项目中长跑项目专项协调能力主要体现在时间与空间的感知

能力、节奏感、随意放松跑能力及维持身体平衡能力等方面。在比赛过程中，根据战术的安排需要，结合自己的身体素质特点，必须对跑动中的速度有所控制，这就需要有良好的跑速感知能力。此外，每一名运动员都有自己的跑动节奏，但在比赛过程中，并不像日常训练时那样是在没有外界干扰的情况下独立完成，而是不断地受到其他运动员的干扰，随之影响自己的跑动节奏，这就需要运动员要有很好的节奏感知和调节能力，以提高能量节省化。同时，还需要对跑动中身体的肌肉放松程度有很强的感知能力，包括摆腿、摆臂的动作幅度等，均应有很好的控制调节能力，以减小机体能量的消耗。

2. 田径运动耐力性竞走项目专项协调、灵敏素质训练内容

竞走运动中，良好的专项协调、灵敏素质对优异运动成绩的获得具有重要的作用，因此，在竞走专项训练中也应安排一定比例的专项协调、灵敏素质训练内容。竞走运动中专项协调、灵敏素质基本与中长跑所需的子协调能力一致，也需要良好的时间与空间感知能力、节奏感能力、随意放松能力及维持身体平衡能力，但竞走协调子能力中的时间与空间感知能力还应包括对步态中是否腾空有良好的感知。此外，协调子能力中的随意放松能力除了放松四肢外，还应放松髋关节多轴复合运动中的参与肌群，以保证步态自然、顺畅、轻松、协调、经济、实效。在竞走运动训练中，通过对上述协调子素质的发展训练，最终使运动员能量消耗达到最佳节省化。

五、田径运动项目专项柔韧性训练内容分析

柔韧素质是指人体关节活动幅度的大小及跨关节的韧带、肌腱、肌肉、皮肤及其他组织的弹性和伸展的能力①。良好的柔韧素质不仅有助于力量与速度的更好发挥，而且对技术的掌握、提高有良好的促进作用，可使动作技术变得灵活而协调、经济而高效；此外，还可以降低运动损伤发生的概率，延长运动员的运动生涯②。

从柔韧素质与运动专项的关系来看，可分为一般柔韧素质与专项柔韧素质。一般柔韧素质是指为适应一般技能发展所需要的柔韧素质；专项柔韧素质是指专

---

① 杨世勇．体能训练［M］．北京：人民体育出版社，2012：258.
② 田麦久．高水平竞技选手的科学训练与成功参赛［M］．北京：人民体育出版社，2014：78.

项运动特殊需要的柔韧性。由于专项柔韧性具有较强的选择性，因此，同一身体部位具有的柔韧性由于项目的需求不同，在幅度、方向等表现上也有差异①。发展柔韧素质的目的是提高跨过关节的肌肉、肌腱、韧带等软组织的伸展性。

在专项柔韧性训练中，应按照专项身体素质训练机制原理来安排训练方法、手段，但鉴于人体是活性体，其关节、韧带等活动范围均会受到一定限制，所以在安排训练方法、手段时，如果按照专项的运动机制特点来发展专项柔韧性，有时会发生运动损伤。如铁饼运动中的肩负杠铃转体练习，如果按铁饼快速发力特点做最快速度转动杠铃练习，则会因存在惯性，很难控制最后的制动，容易造成损伤。因此，在按照专项训练机理特征安排柔韧性训练时，也应结合人体自身条件，合理安排柔韧性训练的内容。通常情况下，专项柔韧性练习多采用在运动学或动力学特征上与专项保持一致的训练方法、手段。

（一）田径运动速度性项目专项柔韧性训练内容

速度性项目的专项柔韧性训练必须根据专项的需要来发展专项柔韧性。在短、跨运动项目训练中，必须发展大腿前后肌群、小腿肌群、髋关节、膝关节与踝关节周围肌群及肩关节肌群等身体部位的柔韧性。此外，跨栏跑运动还要发展上体前屈及大小腿折叠、脚尖内勾与外展的柔韧性。通过对大腿前后肌群、小腿肌群、髋关节、膝关节与踝关节周围肌群及肩关节肌群等身体部位柔韧性练习，不仅可以增大步幅，而且可以增大用力距离，同时还可避免发生运动损伤。

（二）田径运动快速力量性项目专项柔韧性训练内容

1. 田径运动快速力量性项目投掷类项目专项柔韧性训练内容

田径运动快速力量性项目投掷类项目专项柔韧性训练主要是为了提高髋、膝、踝、肩等关节周围肌群、韧带的柔韧性，尤其是髋关节最后发力阶段顶髋、展体肌群、韧带的柔韧性和肩关节的周围肌群。由于各投掷类项目肢体发力特点各不相同，因此，在进行柔韧性练习时，一定要结合专项的运动特点，尤其要与专项动作运动轨迹、发力方向、动作姿态等运动学、动力学特征相一致。专项柔韧性训练的目的：主要是通过增加各肢体关节的活动幅度，提高专项运动发力过程中的用力距离，有利于更好地发挥速度和力量；同时，还可预防运动损伤。

---

① 《身体素质训练法》教材编写组. 身体素质训练法［M］. 北京：人民体育出版社，1999：168.

田径运动快速力量性项目投掷类项目专项柔韧性训练主要包括对髋关节、踝关节及肩关节的柔韧性练习。训练方法主要包括静力性拉伸练习、动力性拉伸练习、被动拉伸练习和PNF拉伸运动等。

2. 田径运动快速力量性项目跳跃类项目专项柔韧性训练内容

田径运动快速力量性项目跳跃类项目专项柔韧性训练，不仅有助于提高助跑速度，而且可以通过提高肢体发力距离来提高动作速度，而这两项运动素质均对运动成绩有重要的作用。

提高助跑速度的专项柔韧性训练主要指对髋、膝、踝关节部位的肌群、韧带、肌腱的柔韧性练习。通过对髋关节及腿部肌群、韧带的柔韧性练习，可以提高助跑中的步幅，以此来提高助跑的绝对速度。

提高动作速度的专项柔韧性训练主要包括躯干背部肌群和肩关节、髋关节、踝关节部位肌群、韧带等软组织的柔韧性练习，以增加肢体的用力距离。

（三）田径运动耐力性项目专项柔韧性训练内容

耐力性项目主要包括中长跑及竞走项目，其中，中长跑项目专项柔韧性训练内容与短跑项目基本一致，主要发展大腿前后肌群、小腿肌群、髋关节、膝关节与踝关节周围肌群及肩关节肌群等身体部位的柔韧性。

竞走项目除了发展上述身体部位的柔韧性之外，更要注重髋关节左右柔韧性的训练，因为竞走项目髋关节的运动是以多轴的前、后、左、右复合运动，而田径运动中各种跑的项目，其跑动中髋关节主要以前后运动为主。因此，在进行竞走项目柔韧性训练时，要注意结合竞走的特殊技术特点来安排柔韧性练习。

第四章　田径运动专项身体素质训练的主要方法、手段

第一节　田径运动专项身体素质训练的方法

一、专项身体素质训练的方法、手段分类

依据对专项身体素质训练的机理特征分析，根据所采用的专项练习与专项本身运动机理特征所表现的一致程度，我们认为专项身体素质训练可分为专项基础训练、专门化训练和专项性训练。

研究表明，目前尚未发现有对专项身体素质训练进行精细分类的研究成果，仅发现有从力量训练角度对训练手段进行分类的研究。其中，有学者将力量训练手段分为一般性练习、专门化练习和专项性练习手段[①]。在这种练习手段分类中，专门化练习是指对专项环节动作的模仿，而专项性练习是指在小负荷情况下（不影响专项动作）完成专项动作的练习。这种对力量训练手段的分类方式与我们对专项身体素质训练方法、手段的分类方式基本一致，所不同的是，他们是把所有的力量训练手段分为一般性练习、专门化练习和专项性练习手段，而我们是把一

① DISK. *Research Findings Guiding Application*. Exercise psychology，2010：333.

般身体素质训练与专项身体素质训练组合在一起，并针对专项身体素质训练进行专门分类。身体训练结构见图 4－1。

我们认为，按照一般身体素质训练与专项身体素质训练两者的关系，一般身体素质训练是专项身体素质训练的基础，一般身体素质为专项身体素质创造了必要的条件。同时，运动训练是一个循序渐进、不断提高的过程。在这个发展变化的过程中，训练内容安排和练习手段的运用应由简单到复杂，由基础到专项。因此，与专项本身内部发力特征一致的训练内容应属于专项训练中的专项基础训练内容。此外，就专项化程度而言，身体素质训练的结构层次应是：一般身体训练→专项基础训练→专门化训练→专项性训练。（图 4－2）

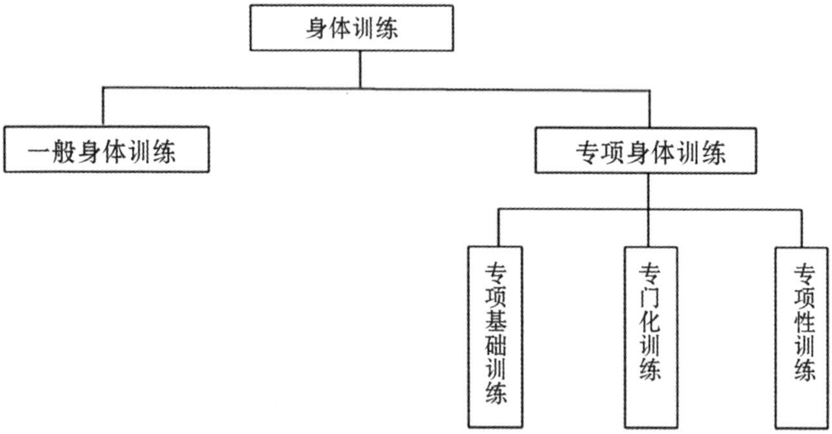

图 4－1　身体训练结构示意图

图 4－2　身体素质训练结构层次图

（一）专项基础训练练习类型

专项基础训练练习是指练习动作在神经支配特点、肌肉收缩形式特点和肌肉的能量代谢特点等方面与专项动作内部发力机制特征相吻合的身体练习手段。

专项基础训练练习与一般身体训练练习不同，专项基础训练练习是在一般身体训练练习的基础上，通过对一般身体训练练习在某些细节和环节安排上进行适当的改变而形成的练习手段。这些细节和环节安排的改变必须与专项动作所表现的神经支配特点、肌肉收缩形式特点和肌肉的能量代谢特点相一致，与专项动作的内部发力机制特点相吻合。如铅球运动员在训练中，杠铃深蹲练习经常被作为铅球的一般力量训练手段使用，但如果在杠铃深蹲练习的某些细节上加以改变，则就可成为铅球专项基础力量训练的手段。具体细节安排变化为在下蹲后不做任何停顿立刻进行爆发式用力蹬地（注意脚尖方向），而且在蹲起后尽量跳起，这样就符合铅球专项的下肢爆发力供能特点和下肢的超等长收缩及肢体末端释放原理，这种练习更有利于训练效果向专项素质训练方向转移。同时，还可根据负荷的量、强度及时间安排的不同，有所侧重地进行力量、速度或耐力素质的训练。

由于过去对专项身体训练的认识不清，认为只有在动作的运动力学特征上与专项动作保持一致的专项身体素质练习，才属于专项身体素质训练，即我们阐述的专门化和专项性训练方法、手段。尤其在比赛阶段多使用此类练习作为专项练习手段，而忽视了对专项身体素质基础训练练习手段的运用，片面地认为专项身体素质训练即为与专项较为相近的专门化或专项性训练。我们知道，在实际训练过程中，在运用专门化或专项性训练手段时负荷量的安排一般都不会很大，如果没有专项身体素质基础训练练习手段的配合，可能会出现运动成绩不增反降的现象。

（二）专门化训练练习类型

专门化训练练习是指所采取的动作练习与专项局部肢体动作的动力学特征相一致、模仿专项局部动作的身体练习手段。

与专项局部动作的运动力学特征相一致，主要是指练习动作的发力快慢、发力方向、发力顺序、运动轨迹、起始状态、肢体动作的角度等特征与专项动作保持一致。在训练过程中，专门化训练练习是专项身体素质训练中的一种重要练习手段，这种专项化练习手段主要通过对某个重要技术环节不断进行重复性强化训练，练习中通过对附加负荷的大小、动作速度的快慢及练习时间的长短来控制具体目标素质（力量、速度或耐力等）的发展方向。通过这种练习不仅可以提高不同的专项身体素质，而且有助于建立稳固的局部技术动力定型，提高专项技术的掌握程度。如短跑的专门化练习有小步跑、高抬腿跑、车轮跑和后蹬跑等；背越式跳高的专门化练习有原地背对横杆双脚起跳过横杆、弧线助跑摸高球、仰卧顶髋练习等；跨栏跑的专门化练习有原地栏上起跨练习、原地栏侧起跨腿过栏练习、原地摆动腿攻栏练习等，这些练习手段均属于专项身体素质的专门化训练练习手段。

（三）专项性训练练习类型

专项性训练练习是指所采取的练习动作在整体结构上与专项技术动作相一致，是在不同负荷条件下完成完整技术动作的练习手段。其中的“不同负荷条件下”主要指在练习动作的强度、幅度、距离等程度上不同于专项比赛技术动作的完整技术动作练习。这种专项性身体素质训练练习，其训练强度、幅度、距离等指标可以比专项比赛技术动作本身的程度指标大，也可以比专项比赛技术动作本身的程度指标小，也可以与专项比赛技术动作本身保持一致。这种练习手段的特点是完整专项技术动作的练习。田径运动中所有项目都有其自身的专项性训练练习，如短跑训练中所采用的上坡跑、下坡跑、顺风跑、助力跑、拖轮胎跑等练习；跨栏跑训练中所采用的降低不同栏高或栏间距的完整练习；跳类项目训练中所采用的不同距离助跑的完整技术练习；投掷类项目训练中采用的不同重量器械的完整技术动作练习等均属于专项性练习手段。

二、田径运动专项身体素质训练方法、手段的选择依据

运动训练过程中，训练方法和手段的选择是训练过程中的重要环节，其方法和手段选择的正确与否对训练效果起决定性作用。正确的适宜的训练方法和手段对运动训练能起到高效的正迁移作用；而错误的、不适宜的训练方法和手段就会对运动训练起到低效、反效作用，有时甚至会造成运动损伤，从而导致运动员过早结束运动生涯。专项身体素质训练是运动训练过程的重要组成部分，因此，田径运动专项身体素质训练同样也离不开训练方法和手段的科学选择。

（一）依据各项目专项身体素质运动机制特征

田径运动项目类型较多，不同的田径运动项目具有不同的运动机制特征，包

括专项运动的神经支配特征、能量代谢特征、肌肉收缩形式特征等内隐性机制特征和外显性的运动力学特征。根据对专项身体素质训练的机理特征分析，我们把所采用的与专项动作的内部运动机制相一致的训练方法、手段称为专项基础训练方法、手段；把所采用的与专项局部肢体动作的运动力学特征相一致、模仿专项局部动作的训练方法、手段称为专门化训练方法和手段；把所采用的在完整技术动作结构上与专项相一致，但动作强度或幅度有所不同的训练方法、手段称为专项性训练方法、手段。因此，在选择专项身体训练方法、手段的过程中，根据训练发展规律，在不同的训练阶段，必须要选择与专项动作运动机制相一致的训练方法，这样才能更有效地提高专项身体素质训练效果。

（二）依据运动员个人特点

不同的运动员具有不同的身体素质特点，首先表现在专项身体素质构成上，即使是同一项目，不同的运动员其专项力量、专项速度、专项耐力等专项素质的指标也各不相同，这种现象在运动训练学中称为“竞技能力非衡结构”，这种现象普遍存在。因此，在专项身体素质训练中，要根据运动员个人的专项身体素质特点，发现专项身体素质各子能力的优势与不足，在保证优势素质发展的同时，选择适当的练习手段发展运动员相对薄弱的素质，根据个人的专项身体素质水平选择专项身体素质训练方法、手段。

其次，即使同一运动员，其不同身体部位专项身体素质能力也不尽相同，有的运动员可能下肢专项身体素质能力较强，但上肢及身体核心区身体素质能力较为薄弱，这时，就要根据运动员的身体部位专项身体素质各子能力的薄弱环节，选择适宜的训练方法和手段加以训练。

此外，同一项目不同运动员，其身体机能的承受能力各不相同，因此，在运用相同专项身体训练练习时，要结合运动员的个人能力特点，合理安排运动负荷。

（三）依据训练周期的阶段性特点

1964 年，苏联马特维耶夫教授根据运动员竞技状态发展的“形成”“保持”“消失”的阶段性周期特点，在其专著《运动训练的分期问题》中提出了周期训练理论思想，随后经不断地发展完善，最终形成了“周期训练理论”。此运动训练理论在我国竞技体育训练中一直占据主导地位。近年来，随着竞技体育赛事的不断增多，人们对周期训练理论提出了一些质疑，但其主要思想仍然是当今运动训练的重要理论指导依据。在对周期训练理论进行大量研究的基础上，国内外知名学者根据训练时间跨度的不同，把训练计划分为多年训练计划、年度训练计划、大周期训练计划、中周期训练计划、小周期训练计划和周、课训练计划。不同的时间阶段，其训练的主要任务、目的不同，训练中所采用的专项身体素质训练方法和手段也会有所差异。其中，多年训练周期计划是对运动员整个运动生涯的时间进行区间性划分，分为基础训练阶段、专项提高阶段、最佳竞技阶段和竞技保持阶段。不同的阶段其身体素质的发展任务与目标不同，训练过程中所运用的专项身体素质的发展方法和手段也有所区别。同样，年度训练计划中不同的训练阶段及不同的训练课，其主要身体素质训练任务均有所不同，专项身体素质训练练习手段的运用也必然不同。因此，要根据具体训练阶段的身体素质训练任务，合理选择发展专项身体素质的方法和手段。

三、田径运动专项身体素质训练主要方法

运动训练方法是指在运动训练活动中，提高竞技水平、完成训练任务的途径和办法。运动训练方法是对运动训练过程中各种训练方式和办法的概括，是对各种具体方法的集中表述。运动训练手段是以提高某一竞技运动能力、完成某一具体训练任务而采用的身体练习；是具体的有目的的身体活动方式，是运动训练方法的具体体现①。训练方法不能脱离训练手段而独立存在，必须以训练手段为载体，通过一定的手段来完成方法的实现。训练方法和训练手段通过一定的媒介紧密地联系在一起，这个媒介就是训练操作程序②。训练操作程序主要由动作重复的次数、组数和动作的持续时间、组间间歇及肌肉工作方式等要素构成。(图 4 -3)③

通过调控操作程序要素，可以组合成不同的训练方法，主要有重复训练法、间歇训练法、持续训练法、循环训练法、变换训练法、比赛训练法等。而从整体控制视角分析，训练方法又可分为模拟训练法和程序训练法。运动训练方法分类体系见图 4 -4。

---

① 田麦久．运动训练学［M］．北京：人民体育出版社，2000.

② 夏骄阳．优秀短距离速度滑冰运动员核心竞技能力训练理论体系与实证研究［D］．北京：北京体育大学，2007.

③ 吴贻刚．训练方法的本质、结构及发展特征研究［J］．中国体育科技，2001（2）：4 -7.

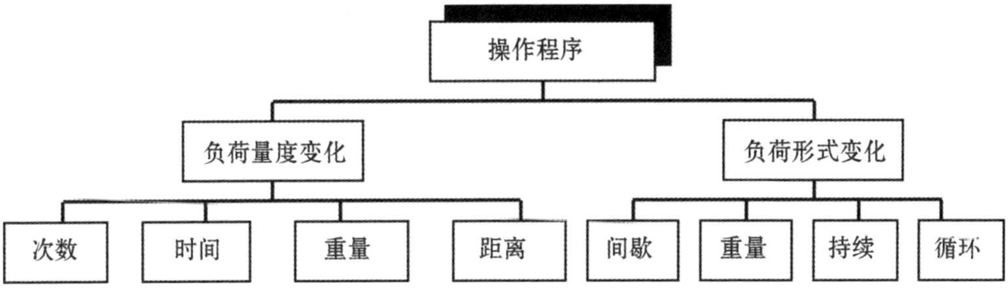

图4－3　操作程序结构示意图

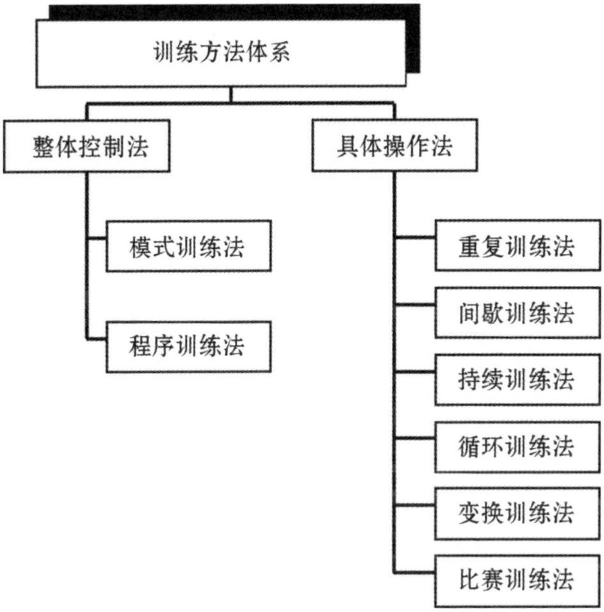

图4－4　运动训练方法体系示意图

专项身体素质训练是运动训练的重要组成部分，因此，专项身体素质训练方法同样可以采用重复训练法、间歇训练法、持续训练法、循环训练法、变换训练法和比赛训练法。同时，确定专项身体素质训练方法的前提条件是训练手段必须为专项身体素质训练练习手段。在专项身体素质训练实践中，上述六种具体操作方法运用较为广泛。

通过综合研究，我们归纳整理出田径运动不同项目常用的专项身体素质训练方法，具体见表4－1。

表4－1　田径运动各项目常用专项身体素质训练方法汇总表

项目分类		素质				
		专项力量	专项速度	专项耐力	专项、协调灵敏	专项柔韧
短、跨项目		①②④⑤⑥	①②④⑤⑥	②③④⑤⑥	①②④⑤⑥	①②③④⑤⑥
投掷项目		①②④⑤⑥	①②④⑤⑥	②③④⑤⑥	①②④⑤⑥	①②③④⑤⑥
跳跃项目		①②④⑤⑥	①②④⑤⑥	②③④⑤⑥	①②④⑤⑥	①②③④⑤⑥
耐力项目	中跑	②③④⑤⑥	①②③④⑤⑥	②③④⑤⑥	①②④⑤⑥	①②③④⑤⑥
	长跑、竞走	②③④⑤⑥	②③④⑤⑥	③④⑤⑥	①③④⑤⑥	①②③④⑤⑥

注：①重复训练法，②间歇训练法，③持续训练法，④循环训练法，⑤变换训练法，⑥比赛训练法。

第二节　田径运动专项身体素质训练主要手段

一、专项力量素质训练的主要手段

根据对专项身体素质训练机理特征的分析，可将专项力量训练手段分为专项基础力量训练手段、专门化（专项局部模仿）力量训练手段和专项性（专项整体技术模仿）力量训练手段。其中，专门化力量训练主要是针对专项局部力量进行的练习，而专项性力量训练主要是针对专项整体技术进行的模仿练习。

（一）专项基础力量训练的主要手段

根据发展局部动作力量与全身完整动作力量的不同，专项基础力量发展手段又可分为发展专项基础力量手段和发展局部基础力量手段。

发展全身基础力量手段主要是运用杠铃及其他负重练习来提高全身或全身绝大部分运动肌群的基础力量。发展局部基础力量手段又可根据不同的部位分为发展两臂及肩带部位基础力量的手段、发展躯干屈伸和旋转基础力量的手段和发展下肢及髋部基础力量的手段。其中，发展下肢及髋部基础力量的手段又可分为负重类和跳跃类两种。发展专项基础力量主要手段如表4－2所示。

表4－2　发展专项基础力量的主要手段

<table>
<tr><th colspan="3">类型</th><th>专项基础力量发展主要手段</th></tr>
<tr><td colspan="3">全身基础力量</td><td>高翻杠铃；提铃至胸；抓举；挺举；肩负杠铃或重物身体不同方向的转动；双手抛壶铃或各种重物；在单双杠、肋木、吊环等器械上做各种支撑、摆动、拉动等练习；联合器械上的各种全身力量练习；前抛、后抛实心球等</td></tr>
<tr><td rowspan="4">局部基础力量</td><td colspan="2">两臂及肩带</td><td>俯卧撑（胸前击掌）；靠肋木（或靠墙）头手倒立，靠肋木（或靠墙）手倒立；杠铃卧推；双杠臂屈伸；引体向上；手持哑铃或壶铃做两臂各种屈伸；手拉橡胶带练习；在联合器械上进行上肢拉伸练习等</td></tr>
<tr><td colspan="2">躯干屈伸和旋转</td><td>仰卧起坐；肩负杠铃体前屈、体侧屈；肩负杠铃转体；手持杠铃片、壶铃转体；联合器械上进行各种躯干屈伸练习；联合器械上进行各种躯干转动练习；器械体操练习等</td></tr>
<tr><td rowspan="2">下肢及髋部</td><td>负重类</td><td>肩负杠铃全蹲、半蹲；手持壶铃或杠铃片半蹲跳；手持壶铃左右压腿；负重弓步走等</td></tr>
<tr><td>跳类</td><td>负重纵跳、单腿跳；在联合器械上进行各种下肢练习
原地跳：单、双腿原地纵跳；立定跳远；跨步跳；各种跳深练习
短距离跳：立定三级跳远；立定五级跳；立定十级跳；连续十级蛙跳
长距离跳：30～60米多级单足跳；单足交换跳；跨步跳；单足跳接跨步跳；连续跳栏架、跳箱；跳台阶等</td></tr>
</table>

需要指出的是，上述训练手段都要尽可能按专项的神经支配特征、能量代谢特征和肌肉收缩形式特征进行练习。

（二）专门化（专项局部模仿）力量训练的主要手段

不同的田径运动项目，其发展专门化（专项局部肢体模仿）力量的主要手段也有所不同，具体手段见表4－3。

表 4－3　专门化（专项局部肢体模仿）力量训练的主要手段

分类	具体项目	专门化力量训练方法、手段
短、跨类	跑、跨共用	负重或穿沙衣弓步走、后蹬跑、小步跑、高抬腿跑、车轮跑等练习；上台阶跑练习；负重提踵练习；负重摆臂练习；橡皮带侧卧提腿练习等
	跨栏	穿沙衣做跨栏摆臂模仿练习；原地负重（橡胶带）起跨腿、摆动腿摆腿模仿练习；仰卧山羊、起坐划臂模仿练习；栏侧负重起跨腿、摆动腿模仿练习；走步中小腿带沙护腿做摆动腿攻栏练习；走步中小腿带沙护腿做起跨腿提拉过栏练习；走步中小腿负重连续走步过栏练习；带沙护臂做跨栏坐练习等
跳跃类	跳类共用	带沙护臂摆臂模仿练习；穿沙衣或腰系沙袋做起跳模仿练习；负重助跑起跳触及高物练习；负重提踵练习；负重单腿登上高台练习；橡皮带侧卧提腿等
	跳高	负重上步起跳；穿沙衣弧线助跑；负重助跑起跳头、膝触球；穿沙衣助跑起跳背上海绵垫；穿沙衣背对横杆双脚起跳过杆；仰卧负重顶髋等
	跳远和三级跳远	仰卧负重顶髋；连续跨步跳；负重纵跳、横跳；穿沙衣连续跨、跳多栏；50～60 厘米高台上、台下单腿支撑转沙坑落地；50～60 厘米高台上、台下转跨步跳接双腿跳过栏架等
	撑竿跳高	持重竿助跑；负重攀爬肋木、横梯、斜梯等攀爬练习；负重单杠收腹举腿；吊绳上各种悬垂；4～6 步助跑跳上吊绳悬垂；吊绳上摆动举腿；沿绳向上展体；吊绳是悬垂——展体联合动作练习；用腿和不用腿的爬绳等 器械体操练习： （1）双杠：双杠摆动连续屈臂撑；双杠摆起倒立 （2）单杠：单杠引体向上；单杠后摆上；单杠上悬垂侧体 （3）吊环：吊环前摆上和后摆上；吊环摆动翻上成支撑或倒立
投掷类	投掷共用	负重蹬转；预加速阶段（助跑、旋转或滑步）下肢负重模仿练习；腰系小球打墙角；杠铃抡摆；连续挥杠铃片；仰卧起坐接投实心球；原地投掷重物模仿专项动作；负重转髋；持重物仰卧跳马侧起摆动等

续表

分类	具体项目	专门化力量训练方法、手段
	铅球	推拉胶带；单臂曲推墙或大树做腿部蹬伸转髋练习；双臂胸前持杠铃向前上推杠铃（快挺）；上斜卧推杠铃等
	标枪	单手抓橡皮带展体拉弓；仰卧头后单臂或双臂拉重物屈伸；负重连续交叉步；负重仰卧起坐等
	铁饼和链球	双手持铅球转体抛投；双手持壶铃转体抛投；单手持侧投重物（壶铃、杠铃片）；投掷臂持杠铃片背向转体抛投；双手持重物旋转投；单手持铁棍旋转投；负重连续旋转等 链球：持重链连续抡摆等
竞走		单侧腿牵引橡皮条竞走练习；负重足背屈等

（三）专项性（专项整体技术模仿）力量训练的主要手段

田径运动中各个项目的专项性（专项整体技术模仿）力量素质训练主要有“直接”负重或“间接”负重的练习手段，根据不同的项目可采用的具体训练手段如表4－4所示。

表4－4　专项性（专项整体技术模仿）力量素质训练的主要手段

项目分类	专项性力量素质训练的主要手段
短、跨类	上坡跑、跨；逆风跑、跨；穿沙衣跑、跨；沙滩、草地、水池跑等；降落伞跑；拉橡胶带跑；拖重物跑等
跳跃类	穿沙衣或逆风条件下不同距离助跑完整技术练习等
投掷类	不负重、不同负重（穿沙衣）或持重器械条件下完整技术练习等
竞走	短距离的上坡、斜坡走；拖轮胎竞走；穿沙衣竞走等

由于中长跑在动作的技术结构上与短跑项目基本一致，不同之处在于短跑项目更侧重于大负荷、大强度的训练，而中长跑项目随着比赛距离的增加，其负荷强度变小。因此，在中长跑项目专项力量素质训练中，可以采用短跑项目的训练手段，但在负荷强度安排上要有区别，运用的负荷强度多为中小负荷，且随着不同项目距离的增加，应适当降低训练负荷强度。

二、专项速度素质训练的主要手段

（一）专项速度训练与专项力量训练的区别

通过对专项身体素质训练机制原理特征分析可知，能称之为“专项速度训练”的训练手段，其训练练习中的运动机制特征应至少满足下列三种条件中的一种，即专项内部运动机制特征、专项局部技术动作运动力学特征和专项完整技术动作运动力学特征。其中，专项内部运动机制特征包括神经支配特征、肌肉收缩形式特征和能量代谢特征。

专项速度是专项身体素质的一种，因此，根据专项身体素质训练机制原理特征，专项速度训练手段也可分为专项基础速度、专门化速度和专项性速度训练练习。其中，专项基础速度主要指在进行速度训练时满足专项的神经支配特征、肌肉收缩形式特征和能量代谢特征，但又在运动力学结构上与专项动作有所不同，如短跑中的后退跑、侧身跑等练习手段。后退跑、侧身跑动作练习中，神经支配方面，大脑运动中枢在收到运动指令后，快速动员机体相关运动单位，使下肢做快节奏、高频率的交替摆动动作；肌肉收缩形式方面，下肢做拉长—缩短收缩；能量代谢方面，为 ATP－CP 供能。这些特点与短、跨项目基本一致，但在运动力学结构上又与短、跨项目有所不同，因此，这类练习应属于短、跨项目的专项基础速度练习手段。

专门化速度训练手段主要是指在满足专项技术动作的神经支配特征、肌肉收缩形式特征和能量代谢特征三个特征的前提下，练习动作与专项局部技术动作在运动力学特征上又相一致的练习。具体手段，如短、跨项目中的听信号徒手摆臂练习；掷标枪项目中的原地投石子练习等；而专项性速度训练手段要求除了满足专项技术动作的三种内隐性机制特征外，还要求其整个练习的动作结构与专项的整体技术动作在运动力学特征上保持一致。具体手段，如短跑练习中的顺风跑、牵引跑；标枪练习中的完整技术投轻枪等练习手段。

但目前在运动训练实践中，常常会出现对专项速度训练的本质认识并不清晰，对专项力量与专项速度的区别认识模糊不清，练习手段的运用彼此混淆，分不清究竟哪些练习是发展专项力量的训练手段，哪些是发展专项速度训练手段。例如，在训练过程中，有些人把高于专项负荷的练习视为专项速度训练手段，如短跑中的穿沙衣、拖重物或降落伞跑等这些练习均用在发展专项速度的训练中，并认为这些练习就是发展专项速度的训练手段。这些练习对低水平运动员专项速度的训练会有良好的效果，但这种专项速度的提高是建立在专项力量能力提高的基础上，以提高专项力量来发展专项速度，并不是从提高机体快速发力感觉，建立快速发力定型或者提高神经兴奋与抑制转换频率、提高神经灵活性的情况下提高专项速度。换言之，这种专项速度的提高是在提高专项速度的间接影响因素——专项力量的基础上来提高运动员的专项速度能力。显然，这种发展专项速度的练习对高水平运动员的专项速度训练未必能收到良好的效果。因此，在增加专项负荷的条件下发展专项速度，就本质而言，并不能称为专项速度训练，这种增加负荷条件的专项速度练习应归属于专项力量训练，而不应归为专项速度训练范畴。

专项速度训练与专项力量训练的区别主要在于训练目的不同而对运动员机体的作用原理不同。专项速度训练主要在于提高局部或整体动作的速率，其生理学原理是通过提高神经兴奋与抑制交替转换的频率，在大脑运动中枢建立快速发力的运动感觉，以产生良好的快速发力痕迹效应，形成快速发力的动作定型，以此来提高专项速度能力；而专项力量训练主要是通过对机体施加大于专项动作负荷的训练，以改变机体的内部结构成分，提高机体对高于专项负荷的生理适应能力，从而提高专项力量能力。所以，在进行专项力量和专项速度训练时，训练手段在速度和负荷强度要求上必然不同，具体区别见表 4 – 5。

表 4－5　专项力量训练与专项速度训练特点的区别

区别内容	专项速度训练		专项力量训练	
具体素质训练类别	局部动作速度训练（专门化训练）	位移速度训练（完整技术速度练习或非周期混合性项目助跑练习）	局部动作力量训练（专门化训练）	完整技术力量训练（专项性训练）
主要训练目的	提高局部动作速率	提高单位时间内通过的位移	提高局部力量	提高完整技术力量
生理学基础	（1）提高机体快速发力感觉，建立快速发力定型 （2）提高神经兴奋与抑制交替转换频率		对机体施加大于专项负荷的训练，以改变机体的内部结构，提高机体对高于专项负荷的生理适应能力	
速度要求特点	高于专项局部或整体动作的速度		低于专项局部或整体动作速度	
负荷要求特点	不大于专项局部或整体负荷		大于专项局部或整体负荷	

由此可知，专项速度训练，其训练手段负荷的施加应在不负重或“减负重”条件下进行；而专项力量训练，其训练手段负荷的施加是在增加负荷条件下进行的。

（二）专项速度训练的主要练习类别

人体运动中速度的产生始终与力量的施加是分不开的，因此，各种专项速度练习也应符合专项身体素质训练的机理特征。而专项身体素质训练的机理特征包括神经支配特征、能量代谢特征、肌肉工作形式特征和运动力学特征，因此，专项速度训练练习首先应保持与专项的神经支配特征、能量代谢特征及肌肉工作形式特征相一致，这是专项速度训练的前提条件，此类练习手段称为专项速度基础训练手段。

专门化训练主要是根据身体的局部肢体动作进行的专项模仿练习，这种局部肢体动作模仿练习应保持与专项局部肢体动作的运动力学特征相一致。非周期混合性运动项目中的助跑（滑步）阶段，如铅球运动的滑步阶段，标枪、跳远运动的助跑阶段等，因这一阶段是专项完整技术动作中的局部技术，所以，我们把助跑（滑步）阶段的速度训练练习归为专门化速度练习之类。综上所述，专项速度训练中的专门化训练主要包含专项动作速度训练和非周期混合性运动项目的助跑（滑步）阶段的速度训练。

专项性训练主要是针对专项的完整技术结构进行的模仿练习。因此，专项速度训练中的专项性速度训练主要指所采用训练方法在整个技术动作结构上与专项完整技术动作相一致的模仿练习。

按专项身体素质训练的机理特征分类，可将专项速度训练练习分为专项基础速度训练、专门化速度训练和专项性速度训练[①]。其中，专项基础速度训练主要包括专项反应速度训练和符合专项内部机制特征，但在外部运动力学特征上与专项技术动作有所不同的训练；专门化速度训练除了包含专项技术动作速度训练外，还包含非周期混合性运动项目中的预加速阶段的速度训练；专项性速度训练是模仿专项完整技术动作训练，主要包括周期性运动项目的位移速度和非周期混合性运动项目的完整技术训练，具体见图 4－5。

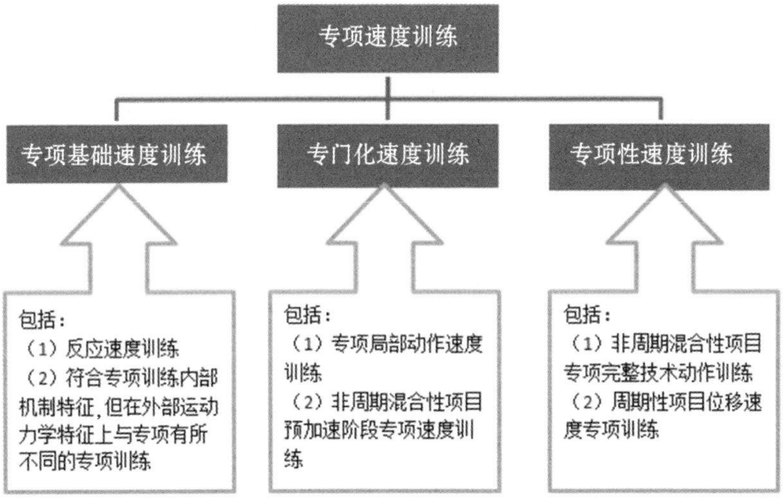

图 4－5　专项速度训练结构示意图

① 田麦久．运动训练学［M］．北京：人民体育出版社，2000：206.

我们知道，按照速度素质类型可以把专项速度训练分为专项反应速度训练、专项动作速度训练和专项位移速度训练；按专项训练的机制原理特征分类可以把专项速度训练分为专项基础速度训练、专门化速度训练和专项性速度训练。显然这两种分类有一定差别。这主要是因为两种分类标准不同，前者是从速度素质的构成上进行分类的，所分的三种类别是专项运动速度的外在表现特征集合；而后者是从专项训练机制原理特征上进行分类的，是专门针对专项身体素质训练进行的分类，所分的三种类别是符合专项训练机理特征的方法合成集合。显然，在进行专项身体速度训练时，按照专项身体素质训练的机制原理特征分类更为科学、合理。

此外，按专项训练的机制原理特征分类具有一些优点：首先，这种分类方法是根据专项训练的机制原理进行分类的，教练员只有对专项速度发展的机制原理有更清晰的认识，充分了解了专项速度提高的生理学原理，才能更科学、合理地选择专项速度训练方法。其次，如果按专项反应速度、动作速度和位移速度进行分类，容易造成一些速度训练练习手段的缺失或不能把一些速度训练练习手段进行系统的归类。如增加助力、助跑（滑步）条件下的专项速度训练练习，具体手段，如跳高运动中利用斜板、斜坡或推力自上而下的快速助跑起跳练习；跳远运动中利用踏跳板起跳练习；铅球或铁饼运动中增加投掷距离的练习等；此外，还有后退跑、侧身跑等专项基础速度练习手段，因为这些手段均不能归类于专项反应速度、专项动作速度和专项位移速度训练练习之中。

同时，按照速度素质类型分类的方法来安排训练，也有一定的优点，可以使训练方法内容更直观、更清晰，可以一目了然地理解训练内容，便于教练员和运动员之间的交流、沟通。

因此，训练安排中可以将两种分类方法综合运用，合理结合，以使训练的组织安排更科学、高效。

（三）发展专项速度素质的主要手段

由于田径运动中各个项目的专项速度训练有很大区别，许多项目专项速度训练练习不能合并归类，因此，我们从不同项目的角度对专项速度训练练习手段进行归纳、分析。

1. 发展短、跨类项目专项速度素质的主要手段

跨栏跑项目被称为“有障碍的短跑”，因此，短跑的绝大部分专项速度练习手段可以为跨栏跑训练所用，但跨栏跑毕竟与短跑运动有所不同，跨栏跑还有一些自身特殊的练习手段。短、跨类项目具体专项速度训练手段见表4－6。

表4－6　短、跨类项目专项速度训练的主要手段

项目	专项基础训练手段（专项反应速度）	专门化训练手段（专项动作速度）	专项性训练手段（专项位移速度）
短跨共用	各种听信号起动练习（反应速度手段）；后退跑、侧身跑练习等	徒手摆臂模仿练习；小步跑、高抬腿跑、后蹬跑、车轮跑、后折叠腿跑练习等	下坡跑、顺风跑、助力跑；20～60米段落加速跑；30～60米行进间跑；踩标志物跑；追逐跑；80～120米速度节奏跑（20米快跑＋20米慢跑＋20米快跑……）等
跨栏跑		连续快速做摆动腿和起跨腿的模仿练习；走或慢跑连续快速做摆动腿或起跨腿栏侧过栏练习；走或慢跑左右腿连续一步过短距离栏间练习；栏侧或栏上一步过栏练习等	下坡跨栏跑（斜角不超过5°）；缩短栏间距跨栏跑；降低栏架高度，不缩短栏间距离跨栏跑；平跑和跨栏跑交替练习；不同栏高、栏间距混合练习等

2. 发展跳跃类项目专项速度素质的主要手段

跳跃类项目的专项速度训练可分为专项基础速度训练、专门化速度训练和专项性速度训练。其中，专门化训练主要包括助跑速度训练和局部技术动作速度训练，这两种速度训练均为跳跃类项目专项速度训练的核心内容。不同的跳跃项目对助跑速度和局部动作速度的要求有所不同。对助跑速度训练的要求是，跳高助跑速度应注重在20～30米距离内达到最大跑动速度训练；而跳远和三级跳远助跑速度训练应具备以下特点：第一，由于起跳板的限制，不但要跑得快，而且要跑得准；第二，正式比赛中运动员一般要进行6次试跳，即要进行6次高速助跑，这

就要求运动员具备在较短时间内反复发挥最高跑速持续能力；第三，在高速跑动的同时，运动员要爆发式地完成起跳动作，因此需要具备高速跑进中的放松能力；此外，还需要有良好的节奏感。撑竿跳高助跑速度不仅应具备快速的持竿跑动能力，还应具有良好的节奏感。局部技术动作速度应侧重起跳速度和过杆速度训练。

通过文献研究及专家调查，我们汇总了跳跃类项目训练中常用的专项速度练习手段。（表4－7）

表4－7　跳跃类项目专项速度训练的主要手段

项目	专项基础速度手段	专门化速度训练手段		专项性速度训练手段
		助跑速度	局部动作	
跳高	各种蹦床动作练习	直道、转弯道的加速跑；在弯道上按标注步上标志进行加速跑；各种半径的弧线加速跑；弯道上的10～12步计时跑；10～12步助跑的计时摸高；按同步声音信号的节奏跑；计时的全程助跑；由上坡转为下坡的助跑练习等	快速摆臂练习（计时或计数）；快速摆腿练习；徒手快速摆臂提腰；仰卧快速收腹举腿练习；仰卧快速挺髋练习；助跑利用胶带牵拉摆动腿起跳练习等	加起踏板助跑完整技术练习；顺风助跑完整技术练习；利用斜板、斜坡或推力自上而下的快速助跑完整练习等
跳远、三级跳远	各种蹦床动作练习	短跑中的专门练习；行进间跑；变速节奏跑；行进间跑踏标志跑；全程助跑距离增加2～4步的计时跑等 （上述手段要求见具体要求）	利用踏板助跑起跳练习；利用斜板、斜坡或推力自上而下的快速助跑起跳练习等	加起踏板助跑起跳完整技术练习；顺风、下坡、牵引助跑完整技术练习等
撑竿跳高		平跑速度：短跑中的专门练习 持竿跑动：持竿加速跑30米；持竿行进间跑20～30米；持竿标志跑；持竿全程助跑（举竿，不起跳）；持竿反复跑；持竿变速跑；持轻竿跑等	各种蹦床动作练习；与专项技术相结合的各种竿上动作练习；单杠、双杠各种练习等	与专项完整技术相结合的方法练习等

3. 发展投掷类项目专项速度素质的主要手段

投掷类项目的专门化速度训练主要指局部专项动作速度和预加速阶段速度两种速度练习；而专项性速度练习主要指较轻负荷条件下的完整技术速度练习。具体训练方法、手段如表4－8所示。

表4－8　投掷类项目专项速度训练的主要手段

项目	专项基础速度训练手段	专门化速度训练手段		专项性速度训练手段
		预加速阶段	局部技术动作	
铅球	投掷类共用： (1) 快速跑跳练习：跑的专门练习、起跑、行进间跑等短距离的快速跑练习；各种形式的跳跃练习或跨栏跑练习等 (2) 负轻器械快速练习：(非专项动作形式) 原地前抛、后抛轻球练习等 (说明：上述方法手段中负重做功功率小于专项本身)	徒手连续滑步练习	用较轻的杠铃向前上做快速推挺练习；斜卧快推轻杠铃练习；原地推轻球练习；肋木、跳马仰卧侧起练习；原地拉胶带蹬转模仿专项技术动作练习等	投轻器械完整技术练习
标枪		各种形式的徒手、持枪跑，交叉步跑及持枪跑结合引枪和投掷步练习等	原地投轻器械练习；低重心、交叉步做蹬地送髋动作；肋木、跳马仰卧侧起练习；原地、上步击打空中高物、投小球、投石块练习等	同上
铁饼		沿跑道连续旋转、扶栏杆快速转髋练习等	原地投低于标准器械重量的铁棍、木棍、塑料软棒、轻铁饼、小铁球等；肋木、跳马仰卧侧起练习；原地拉胶带蹬转模仿专项技术动作练习；投小车滑道（轻）练习等	同上
链球		用较轻的链球练习预摆和旋转等	原地和旋转投掷轻链球；原地投长、短链球练习；持轻器械快速转体练习；双手拽住胶皮带左右快速转体练习；肋木、跳马仰卧侧起练习等	持长、短、标准链做完整掷轻球练习

4. 耐力性项目专项速度训练的主要手段

（1）中长跑项目专项速度训练主要手段

在田径运动耐力性项目身体素质训练中，速度素质训练内容相对较少，专门针对田径运动耐力性项目的专项速度练习手段也不是很多。耐力性项目的专项速度，主要指专项位移速度，在训练练习类型上属于专项性训练练习。在中长跑项目专项速度训练中，多采用克服自身重量的短距离跑来发展其专项速度。同时，在中长跑项目专项速度训练中，虽然可以借鉴短距离跑的训练方法，但在步频和步幅上应与短距离跑有所不同，中长跑专项速度的训练练习应在步频上略低于短跑，而在步幅上要大于短跑的练习。

（2）竞走项目专项速度训练主要手段

竞走项目属于典型的周期性耐力运动项目，其运动成绩取决于运动员通过全程的平均速度大小。而且，随着运动员运动水平的不断提高，速度素质对运动成绩的影响愈显重要。包括运动员起走时的加速走、途中走战术的安排以及终点冲刺的最大速度能力等都需要良好的专项速度能力。竞走项目的专项速度能力主要取决于动作速度能力和位移速度能力。具体练习如表 4－9 所示。

表 4－9　耐力性项目专项速度训练的主要手段

项目	专项性速度（位移速度）训练主要手段
中长跑	短距离跑（要求：步频低于短距离跑而步幅大于短距离跑）
竞走	比赛速度的 110% 速度短距离快速竞走；最大有氧代谢水平的 105% 速度的短距离快速竞走；斜坡 3°～5°（下坡）快速竞走等

三、专项耐力素质训练的主要手段

（一）专项耐力素质的重新审视

无论任何运动项目都需要有力量的施加，而被施加的力本身都具备三种本质属性，即施加力量的大小、施加力量的速度快慢和施加力量的持续时间长短。在运动训练中，施加力量的主体是人体本身，因此，施加力量的大小就是人体发力的大小；施加力量的速度就是人体发力速度的快慢；而施加力量的持续时间长短就是人体自身运动或对器械作用力的时间长短。人体施加力量的这三种属性，所对应的就是运动中的力量、速度和运动时间。对人体运动而言，这三种属性所对应的运动素质就是运动项目所需的力量、速度和耐力。人体在施加力量的同时，必然有对应的时间；同时，由于产生了运动，也必然有对应着因力量施加所产生的速度。随着力量的不断施加，力量施加的时间随之延长，速度也随之得以持续。正如图 4 –6 所示，施加力量 F_1 对应的速度为 S_1，对应的时间为 T_1；施加力量 F_2 对应的速度为 S_2，对应的时间为 T_2；而施加力量 F_n 对应的速度为 S_n，对应的时间为 T_n，依此类推。

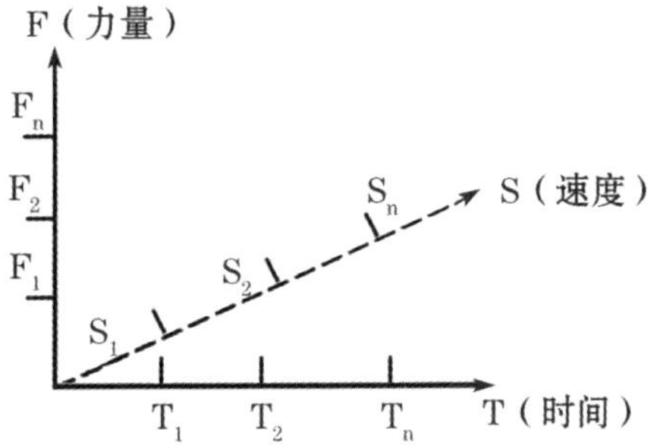

图 4 –6　运动产生的三维空间示意图

所以，运动中施加力量产生的人体自身运动或器械运动都对应着相应的力量、速度及时间，力量、速度及时间这三个维度也就形成了运动产生的三维空间。而其中的持续发力时间，即为人体持续运动所需的耐力。

不同的运动项目，其本身所需要的力量、速度、时间长短（耐力）虽然各不相同，但无论任何运动项目，其项目本身对应的运动属性——力量、速度、时间（耐力），都会受到运动三维空间的束缚，运动三维空间必然存在与运动项目相对应的三种运动属性集结点。

由运动产生的三维空间结构可知，任何运动项目都存在其运动项目本身特殊的力量耐力和速度耐力，即运动项目本身的专项力量耐力和专项速度耐力。

然而，在实际训练过程中进行专项耐力素质训练时，并不能完全按照运动专项本身的力量耐力负荷和速度耐力负荷来安排训练。如果按运动专项本身的负荷来安排训练，那么专项耐力训练就变成了单一专项训练。所以，在安排专项耐力练习时，其负荷量和强度应是一个以不同负荷量和强度组合而成的负荷变化区间，在这个负荷变化区间范围内安排各种专项耐力负荷组合训练。

在耐力性运动项目中，根据一次无间歇练习时间的长短及练习强度的不同，可以安排以下不同的负荷组合。

首先，因耐力性运动项目整个比赛过程中，其全程速度（强度）并不是固定不变的，而是在比赛开始阶段、途中超越阶段及最后冲刺阶段都会远远高于全程平均速度（强度），这些阶段的耐力也并不是纯无氧供能，所以，这些阶段的速度耐力也是专项耐力的有机组成部分。这些阶段速度相对比赛平均速度而言较高，强度高于比赛全程平均强度，我们将这种速度水平的耐力称为“一级速度耐力”，这种速度水平的耐力训练为“一级速度耐力训练”。

其次，根据运动产生的三维空间特点，发展专项速度耐力还可在适当减小速度（低于比赛全程平均速度）的情况下，相应增加长于比赛距离的耐力训练，我们将这种速度水平称为“三级速度耐力”，这种速度水平的耐力训练为“三级速度耐力训练”。此外，还可以安排接近比赛距离和强度的训练，这种速度耐力我们称为“比赛耐力（二级速度的力）”，这种训练我们称为“比赛强度耐力训练”。

因此，我们将专项耐力分为专项力量耐力和专项速度耐力；专项速度耐力又根据训练负荷强度的不同，可分为一级速度耐力、比赛耐力（二级速度耐力）和三级速度耐力，具体见图 4－7。

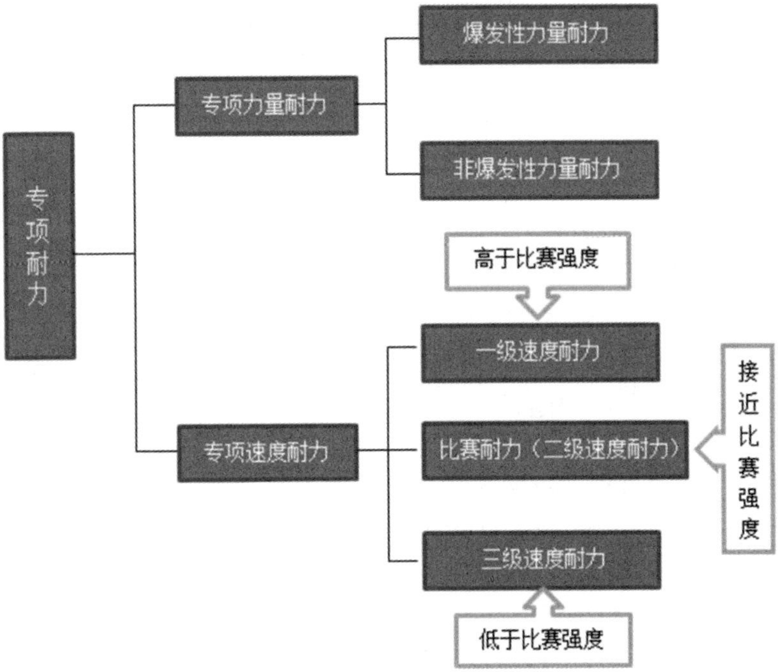

图 4－7　专项耐力类别示意图

（二）不同田径运动项目专项耐力训练的主要手段

专项耐力素质训练手段可分为专项力量耐力练习和专项速度耐力练习。专项力量耐力训练手段主要采用超专项负荷条件下的连续局部肢体动作练习或完整动作的跑动练习；而专项速度耐力的训练可采用三种跑距与速度组合的训练，分别是增加跑速而减小跑距（一级速度耐力训练）练习；比赛速度耐力（二级速度耐力训练）练习和适当减小跑速而增加跑距（三级速度耐力训练）练习。专项速度训练中，可运用这三种专项速度耐力训练练习，再根据各专项不同的特点，结合训练方法中的重复训练法、间歇训练法、持续训练法等方法进行不同训练负荷的组合来发展专项速度耐力水平，具体练习手段见表 4－10。

表 4－10　不同田径运动项目发展专项耐力的主要手段

项目	专项力量耐力	专项速度耐力	
		一级及比赛速度耐力	三级速度耐力
短跨	负重连续小步跑、高抬腿、车轮跑；连续多级单足跳、蛙跳、多级跳；连续多次负重摆臂练习、小腿拉橡皮条练习；较长距离沙滩跑、迎风跑、上坡跑等	短段落间歇跑 方法：采用 30～60 米距离，间隔时间 1 分钟左右，采用 95% 以上的大强度练习，持续时间 10 秒左右 要求：保持高训练强度，较多的练习重复次数，组数根据练习者情况而定	1. 固定间歇时间跑：采用 80%～90% 的练习强度，心率达 180～190 次/分。一次练习的持续时间和距离微长，练习的重复次数不宜过多 2. 逐步缩短间隔时间跑：采用 80%～90% 的练习强度，心率达 180～190 次/分。一次练习的持续时间和距离稍长，练习的重复次数不宜过多 3. 长段落间歇跑：采用 100～150 米距离，间隔时间 2 分钟以上。采用 95% 以上的大强度练习，持续时间 10 秒左右
中长跑	方法同速度性项目 要求：训练动作中速度、强度应低于速度性项目专项力量耐力训练	中跑： （1）间歇快跑：以接近 100% 强度跑完 100 米后，接着慢跑 1 分钟，间歇练习（快慢方式对照组成一组，反复训练 10～30 组） （2）力竭重复跑：采用专项比赛距离，或稍长距离，以 100% 强度全力跑若干次，每次之间充分休息	中跑： 反复跑：采用 80% 以上的强度，每组反复跑 150 米、250 米、500 米之间的距离 4～5 次。每组练习之间休息约 20 分钟 要求：以预定的时间跑完全程，也可以采用专项的 3/4 距离进行练习 长跑：专项速度耐力的训练采用 80% 以上的持续跑、变速跑、重复跑、间歇跑、越野跑、法特莱特跑及高原训练等方法

续表

项目	专项力量耐力	专项速度耐力	
		一级及比赛速度耐力	三级速度耐力
竞走	持续的单侧腿牵引橡皮条竞走练习；持续的负重足背屈；轻负荷的持续上坡、斜坡竞走；拖轮胎、穿沙衣竞走	比赛速度的 110% 速度中等距离快速竞走	持续训练法：80% 强度以上的持续匀速竞走 重复训练法：（1）反复竞走，段落相对固定，强度逐步提高的方法； （2）反复竞走，段落长度逐步缩短，走速不断提高的方法 间歇训练法：有等距段落、恒定间歇、阶梯式强度训练法和延长段落、延长间歇、阶梯式强度训练法两种

快速力量性运动项目的专项耐力同样可分为专项速度耐力和专项力量耐力。快速力量性运动项目专项速度耐力主要指保持长时间间断性的高速助跑能力；专项力量耐力主要指保持相对较高的持续力量效率能力。快速力量性运动项目专项速度耐力的训练手段可以借鉴速度性项目的练习手段；专项力量耐力的发展手段可以采用其专项力量训练手段，但专项力量耐力训练与专项力量训练的不同点是，专项力量耐力训练的负荷强度一般要小于专项力量训练强度，只是训练重复次数明显多于专项力量训练。

在快速力量性运动项目中，其专项耐力对运动成绩的贡献远远小于专项力量和专项速度，因此，在实践训练中，并没有对其专项耐力训练进行过于细微的分类，多以极限或极限下强度多次重复完成比赛动作或接近比赛要求的专项练习为主①。

四、专项协调、灵敏素质训练主要手段

由于田径运动项目技术动作相对较为固定，规格化程度较高，所以，田径运动项目的专项协调能力、灵敏素质训练手段较少。

① 田麦久. 运动训练学［M］. 北京：人民体育出版社，2000：222.

发展协调能力的主要方法，多采用各种不习惯的动作练习，以匹配不断提高的其他身体素质能力的需要。常采用的方法有：从不习惯的预备姿势开始完成动作；采用各种时间、空间性质多变的动作；通过改变训练课地点、比赛的条件以形成突发变化的情境；利用各种训练器材和专项设备以扩大运动技能变化的幅度等。因此，在制订田径运动专项协调、灵敏训练方法、手段时，首先应根据对不同专项起重要作用的协调、灵敏子素质，然后再结合专项运动的机制原理特征，设计选择专项灵敏、协调素质发展的具体手段。通过文献研究和专家调查，我们归纳整理了各田径运动项目常用的专项协调、灵敏素质练习手段，具体见表4－11。

表4－11　发展协调、灵敏性的主要手段

项目	协调、灵敏性发展主要手段
短跨类	短跑、跨栏：时间—空间特征和动力学特征变化的练习（如斜坡跑和各种跳跃练习，活动跑道上的练习）①；变换速度的各种练习（快慢交替的变速跑等练习）；变换方向的练习（各种听或看信号的反应练习、变换方向的各种跑的练习，如折返跑、追逐跑等练习）；变换节奏的各种练习（快速大步幅变为快频率跑、不同栏间距离、不同栏高的跨栏跑练习）；变换形式的各种跑的练习（正反向侧身跑、背向转身起跑）；在不同的条件和环境中进行的练习（顺风、逆风、雨天）② 跨栏：跨栏坐练习；原地摆臂攻栏练习等
投掷类	加快动作速度的方式（快速跑楼梯、快速交换腿）；利用健身球、瑞士球、悬垂悬挂等做一些发展全身协调用力的练习（利用瑞士球做推铅球最后出手练习）；采用不同器械重量或规格练习；外部条件变化下的练习（顺风或逆风等）；各种跳跃练习；各种转髋动作练习（旋转投铁饼）；体操练习（标枪）

① 袁运平．短跑运动员体能训练理论与方法［M］．北京：北京体育大学出版社，2006：69.

② 文超．田径运动高级教程法［M］．北京：人民体育大学出版社，2013：270.

续表

项目	协调、灵敏性发展主要手段
跳跃类	变换速度的各种练习（快慢交替的变速跑等练习、在一定距离的跑程中分段提出不同速度的要求等）；变换方向的练习（各种听或看信号的反应练习、变换方向的各种跑的练习，如折返跑、追逐跑等练习）；变换节奏的各种练习（快速大步幅变为快频率跑、不同栏间距离、不同栏高的跨栏跑练习）；变换形式的各种跑的练习（正反向侧身跑、背向转身起跑）；在不同的条件和环境中进行的练习（顺风、逆风、雨天）；撑竿跳高协调性练习还包括各种体操上练习，如各种倒立、侧手翻、前滚翻、后滚翻、单杠、双杠、吊环及吊绳练习等
中长跑	小步跑、高抬腿跑、快速跑楼梯、快速交换腿；变换节奏的各种练习（快速大步幅变为快频率跑、不同栏间距离、不同栏高的跨栏跑练习）等；结合各种跨栏练习，发展髋关节的灵活、协调性；各种训练身体素质灵活、协调性的游戏及舞蹈、球类运动等
竞走	结合竞走专项技术特征的各种专门性练习，如原地模仿摆臂转髋练习、行进间交叉竞走、各种手臂姿势的竞走等练习；结合各种跨栏练习，发展髋关节的灵活、协调性；各种训练身体素质灵活、协调性的游戏及舞蹈、球类运动等

五、专项柔韧素质训练主要手段

从原理上来说，专项柔韧素质训练也应符合专项的训练机理特征，但由于人体是活性体，人体关节的活动幅度会受到肢体构造的限制，在一些柔韧性练习中并不能按照运动专项的内部机理特征进行训练，否则会造成运动损伤。如投掷类运动项目中的负杠铃转髋练习，如按投掷类项目快速发力转体的运动形式，则会由于对杠铃发力转动后，产生转动的惯性，使得杠铃转动到机体最大承受角度后，并不能立刻停止转动，而是随惯性继续转动，这必然会造成髋关节损伤。因此，在尽可能按照专项身体素质训练机理特征安排练习的同时，也应结合身体结构特点，全面考虑，综合分析，这样才能使专项训练手段的运用更科学、合理、有效。

通过文献研究和专家调查，我们对田径运动中各项柔韧性练习进行了总结梳理，田径运动各项目柔韧素质主要练习手段见表 4－12。

要尽可能在符合专项训练机理特征条件下来安排这些柔韧性训练练习。

表 4－12　发展专项柔韧素质的主要手段

项目		专项柔韧性发展主要手段
短跨类		短跑、跨栏：各种上肢、下肢、躯干的主动拉伸和被动拉伸练习；各种静态拉伸和动态拉伸练习，具体手段包括压肩、拉肩、吊肩、转肩、转体等练习；各种摆腿、踢腿、压腿、劈叉、踝关节绕环和足背跪姿坐压等练习；利用吊绳、平衡板、瑞士球及橡胶带等器械进行各种柔韧练习等 跨栏：跨栏坐练习；肋木折叠起跨腿摆臂模仿练习等
跳跃类	跳高	髋关节和背腹肌柔韧练习，如大幅度摆腿和摆臂练习、各种踢腿和压腿练习、各种劈腿和下桥练习、左右交替的跨栏坐练习、甩腰练习、体前屈和体后屈练习等；利用“PNF”方法发展专项柔韧性；利用瑞士球发展柔韧性练习；利用器械发展柔韧性练习等
	跳远、三级跳远	髋关节和背腹肌柔韧练习，如大幅度摆腿和摆臂练习、各种踢腿和压腿练习、各种劈腿和下桥练习、左右交替的跨栏坐练习、甩腰练习、体前屈和体后屈练习等
	撑竿跳高	上肢的各种牵拉、悬吊练习；髋关节和背腹肌柔韧练习，如大幅度摆腿和摆臂练习、各种踢腿和压腿练习、各种劈腿和下桥练习、左右交替的跨栏坐练习、甩腰练习、体前屈和体后屈练习等；吊环或吊绳的摆体练习等
投掷类	铅球	指卧撑练习；各种压肩练习；各种摆腿练习，如前后摆腿、侧摆腿练习；膝关节及踝关节柔韧练习等
	标枪	持枪各种肩部、腰部柔韧练习；肩绕环、前压、侧压；各种“桥”练习等
	铁饼	各种肩部柔韧练习；各种髋部柔韧练习；各种膝关节及踝关节柔韧练习等
	链球	各种肩部柔韧练习；各种髋部柔韧练习；各种膝关节及踝关节柔韧练习等
耐力类	中长跑	参考短跑柔韧性练习
	竞走	髋关节上下、左右、前后的大幅度旋转和拉伸；踝关节大幅度的屈伸；肩部绕环；各种劈叉、足背跪姿坐压、足掌着地大小腿前屈等练习

第五章　田径运动专项身体素质训练年度周期安排及训练学监控

第一节　田径运动专项身体素质训练年度周期安排

年度训练计划是全程性多年训练计划的重要组成部分。在运动训练实践中，教练员和运动员常常以年为单位，制订完整的年度训练计划，以此开展实施运动训练。这主要是因为比赛日程与比赛时间的安排和运动员竞技状态的形成与变化具有明显的年度周期性特点。合理制订与安排年度训练计划是获得良好训练效果的前提条件。年度训练周期安排属于训练计划内容范畴，因此，有必要对训练计划结构进行探讨。

一、全程性多年训练计划结构概述

运动员整个运动生涯的规划，可以视为一个多年训练计划，训练学中称之为“全程性多年训练计划”。全程性多年训练计划一般包括四个阶段，分别为基础训练阶段、专项提高阶段、最佳竞技阶段和竞技保持阶段。每一个阶段的时间跨度为 3 ~8 年不等，具体因人而异。这四个阶段并没有明显的时间区分界限，只是根据运动技能形成规律和运动员运动技术水平发展变化状态而进行的大致性阶段划分。在整个全程性多年训练计划的前提下，教练员还需要为运动员制订每个阶段中每个年度的训练计划，这种训练计划称为年度训练计划。年度训练计划是教练员和运动员实施训练更为具体的文件。年度训练计划一般由一个或多个训练周期组成，如果全年训练由一个周期组成，此年度周期安排类型即为“单周期”安排类型，这种类型的全年训练是按一个大周期进行组织实施的；如果全年训练按两个完整的训练周期组织实施，称之为“双周期”安排类型；而全年训练按三个以上的完整训练周期组织实施，称之为“多周期”安排类型。同时，无论是单周期、双周期，还是多周期安排类型，其每一个训练周期一般都由准备期、比赛期和过渡期三个时期所构成。虽然当今赛事日益频繁，运动员参赛次数也随之剧增，有的项目甚至一年参赛次数多达 20 次以上。但无论一个训练周期的安排时间有多长或多短，其周期内的训练内容依然是遵循准备期、比赛期和过渡期的内容形式实施安排的，只是准备期或过渡期的时间安排长短不同而已。

一个训练周期是由准备期、比赛期和过渡期组成，每个训练时期内又由数量不等的中周期构成。每个中周期又包含数量不等的小周期，而每个小周期又由 3 ~ 10 次的训练课构成。这就形成了整个全程性多年训练计划结构层次，具体如图 5 - 1 所示。

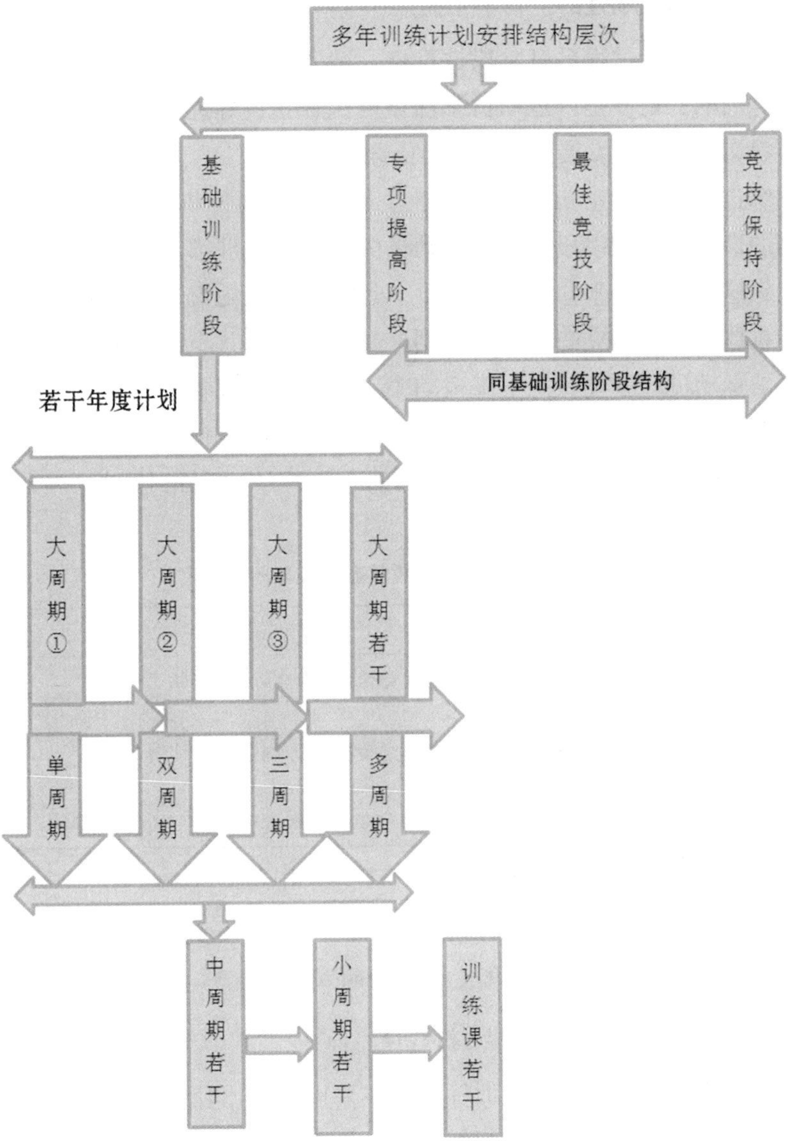

图 5-1　多年训练计划安排结构层次示意图

二、训练过程周期性的生物学依据

运动训练的整个过程具有阶段性特点，这个过程由许多连续的不同周期组合而成。训练周期的划分是以运动员参加重要比赛获得理想运动成绩为目的，以运动员竞技状态的形成与发展变化规律为依据来确定的。

在训练过程中，运动员对负荷会产生适应，从而使机体运动能力得到提高。选择适当的训练方法和手段，促使运动员的生理和心理都进入动员潜力并高度协调状态。在这种高度紧张的工作状态下，运动员会消耗大量生理和心理的储备潜能，此时机体会产生相应的保护性机制，要求运动员减小或不再承受高强度的训练和比赛。运动员的竞技状态下降或消失，机体需要调整与恢复，而后才能够继续进行紧张的训练和比赛。在适应性、动员性与保护性机制的交替作用下，通过训练、比赛和恢复的周期性运转，运动员的竞技能力不断得到提高。

表 5－1　运动员竞技状态发展与周期界定

竞技状态	理论基础	训练任务	周期界定
形成	机体对外界刺激产生适应	提高竞技能力，形成竞技状态	准备期
保持	心理与生理潜力被激发，机体高度协调	稳定竞技状态，创造良好比赛条件	比赛期
消失	机体疲劳，并停止应激反应	消除心理与生理疲劳，为下阶段做准备	恢复期

（引自田麦久．运动训练学［M］．北京：人民体育出版社，2000）

三、田径运动专项身体素质年度训练周期安排特点

（一）田径运动年度训练周期安排程序

我国高水平田径运动员年度训练计划主要以我国田径运动赛事的安排特征为制订依据，包括训练计划中年度训练周期结构类型的选择、不同周期内各时期与阶段的具体时间拟定等，在很大程度上都与该年度内的赛事安排相契合。同时，国内田径赛事的时间安排并不是随意、盲目编制出来的，它是由中国田径运动协会根据我国适宜比赛条件出现的时间，结合不同的田径运动项目特点及运动训练适应发展规律，有计划地制订出来的竞赛日程。因此，教练员在年度训练周期安

排时，大都根据本年度田径运动竞赛日程安排进行各自训练计划的制订。

由于田径运动各项目的参赛条件不同，其参赛日程也有所区别。如投掷类项目中的长投项目（标枪、铁饼、链球），因在寒冷的冬季无法进行室外比赛，而在室内又因其比赛所需的场地空间较大，也难以安排比赛，所以，一般将赛事安排在较温暖的季节。这就与在室内就能进行比赛的跑、跨、跳及短投（铅球）项目赛事安排有所区别。另外，长距离跑、竞走、马拉松的赛事因比赛距离、时间较长，参赛人数较多等原因，常常会独立安排此类项目的赛事。

不同田径运动项目的竞赛日程确定之后，教练员首先会根据项目年度赛事安排情况，拟定每名运动员本年度参加比赛的次数，其中包括本年度有几场主要或重要目标的比赛，需要参加哪几场训练性比赛或适应性比赛等。赛事选择的依据主要以比赛的重要性、比赛地点的远近及运动员可能出现的训练状况等因素来预选参赛场次。在拟定主要目标赛次及可能的参赛场次后，才开始规划年度训练周期计划安排，具体内容包括年度周期类型的选择、训练周期中具体阶段的划分、各种训练内容（技术训练、身体素质训练、战术训练、心理训练、恢复训练等）在不同时期或阶段所占的比例，主要运用的训练方法与手段，以及各阶段中负荷量和强度的安排等。

（二）不同田径运动项目专项身体素质训练年度周期安排特点

为更直观、清晰地揭示不同田径运动项目专项身体素质训练年度周期安排的特点，我们通过访谈、问卷调查及查阅训练计划等方式对我国不同田径运动项目的多位优秀教练员进行了调查，并对其2016年度的训练周期安排进行了分析，归纳总结出我国不同田径运动项目专项身体素质训练年度周期安排的特点。

1. 短、跨、跳项目专项身体素质训练年度周期安排特点

（1）短、跨、跳项目年度训练周期安排基本状况

①短、跨、跳项目的赛事安排状况

短、跨项目属于速度性项目，而跳类项目属于快速力量性项目，二者并不属于同一个子项群，但二者的参赛条件却具有共同之处。短、跨、跳项目的比赛除了在室外可以同时进行之外，在寒冷的冬季也可同时安排，这是因为这两类项目所需的比赛空间场地较小，即便是在寒冷的冬季也可同时安排在室内进行。因此，整个年度训练周期中短、跨、跳项目的赛事安排基本一致，这也是经过调查分析

后所发现的跑、跨、跳项目在训练周期类型选择及周期阶段划分上基本相同的主要原因。

2016 年度，我国跑、跨、跳项目的主要赛事共安排有 11 场（具体赛事名称、日程及参赛地点见表 5 – 2）。在这 11 场比赛中，共有 3 站室内锦标赛，集中安排在 3 月底至 4 月初；安排有 4 次全国大奖赛，主要集中在 4 月中旬至 5 月中旬。在 6 月初，安排一次跑、跨、跳项群比赛。当运动员在之前比赛的积分达到一定分数时，就可以参加 6 月中旬的全国冠军赛，全国冠军赛也是上半年最为重要的赛事。下半年，在 7 月下旬安排第二场跑、跨、跳项群赛。一个半月后，安排了全年最重要的赛事——全国田径锦标赛。可以看出，短、跨、跳项目在上半年赛事安排较多，而下半年赛事安排相对较少。

表 5 – 2　2016 年我国短、跨、跳项目的主要赛事安排

时间	2.28—3.4（1、2）	3.8—3.9（3）	4.15—4.17	4.21—4.23	5.12—5.14	5.20—5.22	6.6—6.7	6.18—6.20	7.22—7.23	9.14—9.17
赛事	室内锦标赛	室内锦标赛	大奖赛（1）	大奖赛（2）	大奖赛（3）	大奖赛（4）	短、跨、跳项群比赛	冠军赛	短、跨、跳项群比赛	锦标赛
地点	江苏南京	陕西西安	浙江绍兴	江苏淮安	河南郑州	山西太原	江苏仙林	重庆	辽宁大连	天津

②短、跨、跳项目年度训练周期类型的选择

任何一种对训练计划和大纲的细化安排，都应从确定年度训练中各主要组成部分的时间结构开始①。调查分析表明，目前我国高水平短、跨、跳项目的教练员在年度训练结构安排上大都选择双周期结构类型，同时，也有部分教练员选择多周期结构来安排年度训练，而在年度训练结构安排上很少有教练员选择单周期训练结构。图 5 – 2 是我国短、跨、跳项目教练员选择年度训练周期结构类型的具体情况。

① B. C. 鲁宾．奥运会训练周期及年度训练周期［M］．詹建国，译．北京：北京体育大学出版社，2012.

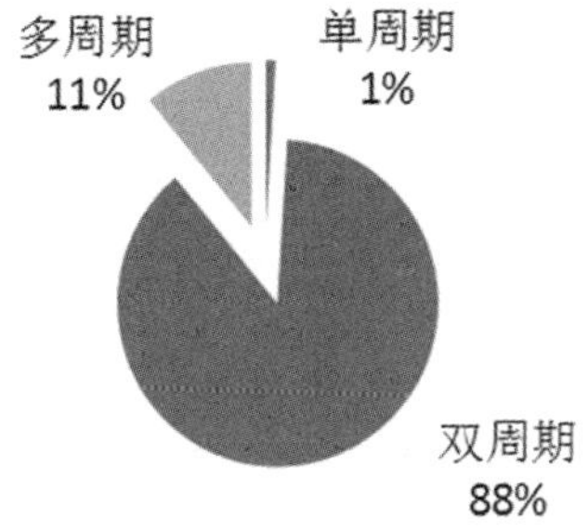

图5－2　我国短、跨、跳项目年度训练周期结构类型选择比例示意图

③年度训练周期阶段划分及其特点

通过问卷调查法、专家访谈法、训练观察法及分析教练员年度周期训练计划安排等方法，汇总了我国短、跨、跳项目中的短跑项目年度周期阶段划分及各身体素质负荷量度安排情况，运用 Excel 2013 软件绘制成短跑项目的年度周期安排趋势图。(图 5－3)

从田径短跑项目身体素质训练年度周期负荷安排中可以看到年度周期安排及阶段划分的具体特点：整个年度训练安排两个大周期，第一大周期时间较长，共 36 周；第二大周期时间较短，共 16 周。其中，第一大周期分为两个时期，分别为第一准备期和第一比赛期，第一准备期时间较长，为 23 周；第一比赛期为 13 周。

第一准备期和第一比赛期又分别分为两个阶段：第一准备期分为一般准备阶段和专项准备阶段，一般准备阶段约 4 个月，时间较长，专项准备阶段约 1.5 个月；第一比赛期分为赛前训练阶段和比赛 1 期，这两个阶段相对时间较短，各 1.5 个月。

第二大周期分为三个时期，分别是第二准备期、第二比赛期和过渡期，时长分别为 7 周、5 周和 4 周。其中，第二准备期和第二比赛期同样各分为两个阶段：第二准备期也包括一般准备阶段和专项准备阶段，时长分别为 3 周和 4 周；第二比赛期包括赛前训练阶段和比赛 2 期两个阶段，时长分别为 3 周和 2 周。过渡期为 4 周。

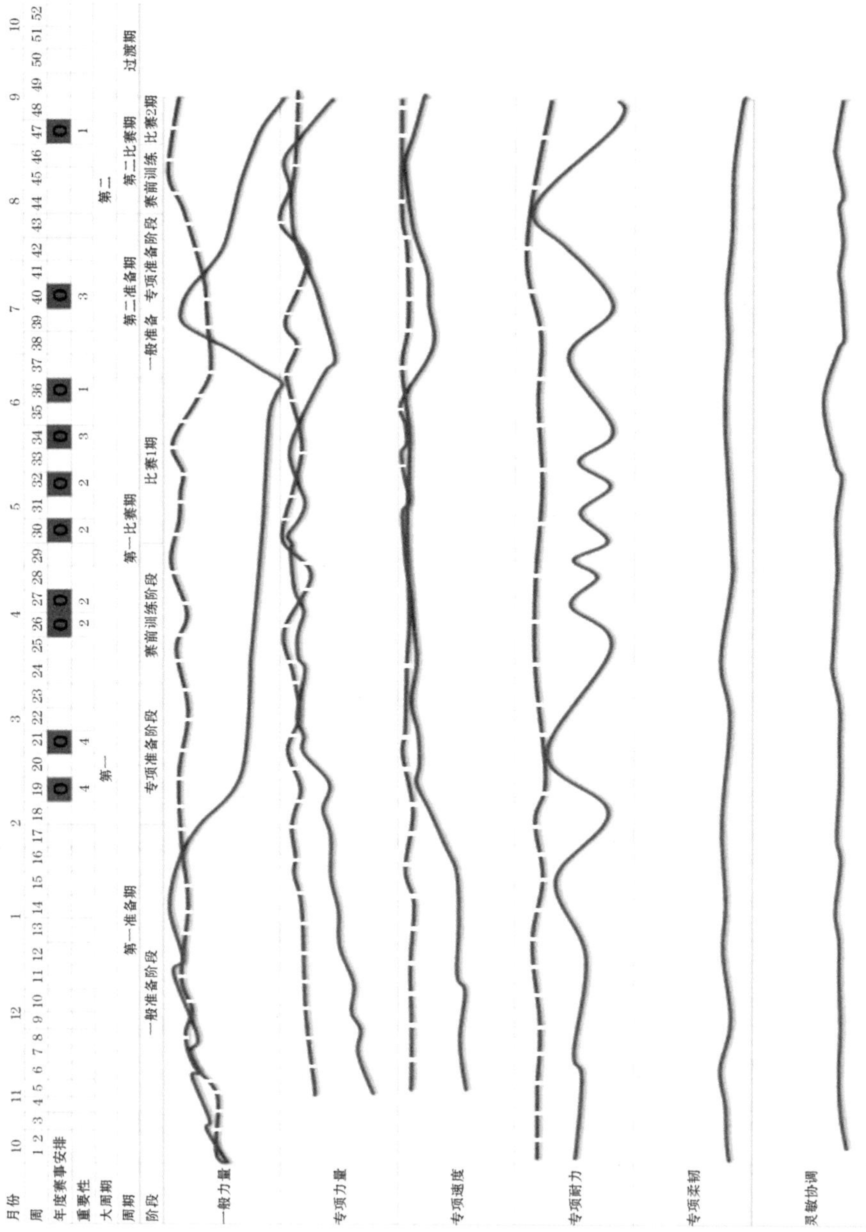

表中O下数字4、3、2、1表示比赛的重要性程度按顺序依次增加；实线表示负荷量增减趋势，虚线表示负荷强度增减趋势

图5-3　田径短跑项目身体素质训练年度周期负荷安排趋势示意图

（2）短、跨、跳项目的训练内容比重安排

在田径运动训练中，训练内容主要包括技术训练、身体训练（包括一般身体素质训练和专项身体素质训练）、战术训练及心理训练等，同时，战术训练和心理训练常常被融入各种技术训练和身体训练的具体练习之中。因此，技术训练和身体训练内容是决定运动成绩的关键性训练因素。

身体训练（一般身体素质训练和专项身体素质训练）均可进行细分，如一般身体素质训练可分为一般力量训练、一般速度训练、一般耐力训练等；专项身体素质训练可分为专项力量训练、专项速度训练、专项耐力训练等。我们将这些细分的训练内容称为子训练内容。

由于同类项目的各训练特点较为接近，因此，我们尽可能地把同类项目训练内容比重进行合并论述。

① 短、跨项目年度周期各阶段的训练内容比重

A. 短、跨项目年度周期各阶段训练内容比重总体情况

田径运动速度性短、跨项目年度周期训练内容安排的总体情况大致如下：

在准备期，一般身体训练比重大于专项身体素质训练和技术训练；专项身体素质训练和技术训练比重基本持平。随着训练的逐步深入，进入比赛期后，专项身体素质训练比重逐渐增加，约占总训练内容的50%，一般身体素质训练所占份额逐渐减少。技术训练比重基本与准备期相同，保持不变。在过渡期，主要进行一般身体素质训练，其比重占总训练内容的80%，专项身体训练和技术训练所占比重都较小（表5－3）。由于跨栏跑相对于短跑而言，其技术难度较大，因此，无论在准备期还是比赛期，跨栏跑项目的技术训练内容所占比重都略高于短跑项目。

表5－3　短、跨项目年度各时期训练内容比重情况（100米、200米/110米栏，单位:%）

时期	训练内容		
	一般训练	专项训练	技术训练
准备期	40/35	30/30	30/35
比赛期	20/15	50/50	30/35
过渡期	80/80	10/10	10/10

B. 短、跨项目年度周期各阶段专项身体素质训练内容比重

专项身体素质包括专项力量、专项速度、专项耐力、专项柔韧及专项灵敏、协调素质。通过文献资料法、训练现场观察法、查看训练计划内容安排法及问卷调查法等方法，我们对短、跨项目年度不同训练时期专项身体素质训练内容安排进行梳理、统计，获得了现阶段我国田径短、跨项目教练员在训练过程中安排各专项身体素质训练内容的比重情况。（表5－4）

在准备期，短、跨项目专项力量训练内容所占比例最大，约为45%；其次是专项速度训练，约为32%，其他素质所占比例依次为专项耐力训练、专项灵敏和协调训练、专项柔韧训练，所占比例分别约为10%、8%和5%。

在比赛期，专项力量训练所占比例略微减少，专项速度训练略微增加，其他各项素质所占比重基本与准备期保持一致。分析认为，专项力量训练略减而专项速度训练比重略有增加的原因可能有两种：一是在准备期进行了大量的力量训练，而力量训练不是短、跨运动项目的最终目的，其最终目的是提高速度能力，而在比赛期需要通过参加比赛创造良好的运动成绩，为了使准备期的力量训练效应积极向速度能力方向转化，因此，相应增加了速度训练比重而适当降低了力量训练比重；二是在比赛期，因要参加数量不等的比赛，在临近比赛时，需进行赛前减量，而在赛前减量阶段，专项力量训练内容的减幅要明显大于专项速度训练内容的减幅，因此，其整个比赛期专项力量训练内容所占比重略有减小，但在比赛期，专项力量训练总量仍在专项身体素质训练内容中占有较大比重。

表5－4　短、跨项目准备期和比赛期各专项身体素质训练所占比重情况（%）

时期	项目	各专项身体素质				
		专项力量	专项速度	专项耐力	专项柔韧	专项灵敏、协调
准备期	短跑、跨栏跑	45	32	10	5	8
比赛期	短跑、跨栏跑	40	38	10	5	7

②跳跃类项目年度周期各阶段训练内容比重

A. 跳跃类项目年度周期各阶段训练内容比重总体情况

跳跃类项目虽然在年度周期训练安排上与短、跨项目较为接近，但在各阶段

训练内容比重安排上略有不同。

在准备期，高水平跳跃运动员一般身体素质训练内容所占比重最大，专项身体素质训练内容所占比重略低于一般身体素质训练，而技术训练比重相对较小。在比赛期，专项身体素质训练内容所占比重较大，其次为技术训练，一般身体素质训练内容所占比重最小。在这一时期，重点要发展专项身体素质，同时兼顾提高与完善专项技术能力。在过渡期，主要进行一般身体素质训练，以调整身心疲惫的机体。此外，跳远、三级跳远和跳高、撑竿跳高项目在年度周期各时期中的训练内容比重安排并不完全相同，跳远、三级跳远项目在准备期和比赛期技术训练的比重略低于跳高和撑竿跳高项目。这是因为，跳高和撑竿跳高项目的技术相对于跳远、三级跳远项目更为复杂，对技术的要求相对较高，因此，跳高和撑竿跳高项目的技术训练内容所占比重略高于跳远和三级跳远项目。

B. 跳跃类项目年度周期各阶段专项身体素质训练内容比重

虽然跳远、三级跳远、跳高及撑竿跳高同属跳跃类项目，但年度周期各阶段中专项身体素质训练内容所占比重却并不完全相同。

表5－5是跳跃类项目年度周期各阶段专项身体素质训练内容比重安排情况。由此可见，在准备期，跳远和三级跳远项目专项力量训练所占的比重最大，约为55%；其次是专项速度训练内容，约为35%；其他专项身体素质训练内容所占比重，由大到小依次为专项灵敏、协调，专项柔韧和专项耐力，所占比重分别为5%、3%和2%。这表明，在准备期，跳远、三级跳远项目的专项身体素质训练内容主要以发展专项力量和专项速度训练为主，同时兼顾其他素质发展，其中专项力量训练内容安排最多。

在比赛期，跳远和三级跳远项目所安排的专项力量训练仍占有较大比重，约为52%；其次是专项速度训练，约为38%；其他专项身体素质训练安排的比重依次为专项灵敏、协调，专项柔韧和专项耐力，所占比重分别为5%、3%和2%。分析表明，跳远和三级跳远项目比赛期各专项身体素质与准备期训练内容比重顺序相同，但在比赛期专项力量训练的比重有所减小，而专项速度的比重略有增加。训练内容比重的变化主要有两种原因：一是为了把准备期大量的力量训练向专项速度方向转化，相应增加了专项速度训练内容比例；二是由于在赛前减量阶段专项力量和专项速度减量的幅度不同而造成的。赛前阶段专项力量训练内容的减幅

要大于专项速度训练内容的减幅，这样安排也是为了使专项力量更有利于向专项速度方向转化。(表5－6)

表5－5 跳跃类项目年度各时期训练内容比重情况（跳远、三级跳远/跳高、撑竿跳高，单位:%）

时期	训练内容		
	一般训练	专项训练	技术训练
准备期	40/40	40/35	20/25
比赛期	15/15	55/45	30/40
过渡期	80/80	10/10	10/10

表5－6 跳跃类项目准备期和比赛期各专项身体素质训练所占比重情况（%）

时期	项目	各专项身体素质				
		专项力量	专项速度	专项耐力	专项柔韧	专项灵敏、协调
准备期	跳远、三级跳远	55	35	2	3	5
	跳高、撑竿跳高	47	35	5	5	8
比赛期	跳远、三级跳远	52	38	2	3	5
	跳高、撑竿跳高	45	37	5	5	8

在跳高、撑竿跳高项目专项身体素质训练中，无论在准备期还是在比赛期，专项身体素质训练内容所占比重最大的依然是专项力量训练和专项速度训练，其中专项力量训练内容所占训练比重最大，专项速度训练次之，其他素质训练比重由大到小排序依次为专项灵敏、协调训练，专项柔韧训练和专项耐力训练。

同时，跳高、撑竿跳高专项身体素质训练中，专项灵敏、协调训练，专项柔韧训练和专项耐力训练所占比重高于跳远、三级跳远项目，主要是因为跳高和撑竿跳高技术难度相对要大于跳远、三级跳远项目，对专项的协调性要求也更高，技术动作更不易掌握，因此，专项灵敏、协调训练所占训练比重略高于跳远、三级跳远项目。此外，专项耐力训练中，跳高、撑竿跳高所占的训练比重略高于跳远、三级跳远，这主要与跳高、撑竿跳高比赛的特点有关，跳远、三级跳远比赛中，最多的试跳次数为6次，而跳高、撑竿跳高项目在每一个高度上都有3次试跳机会，高水平跳高、撑竿跳高运动员，其一次比赛的时间甚至可以长达2~3小时，这就要求运动员要具备良好的专项耐力素质水平，因此，跳高、撑竿跳高项目对专项耐力训练内容比重略高于跳远、三级跳远。专项柔韧性训练方面，虽然跳远、三级跳远项目对柔韧性的要求也比较高，但跳高、撑竿跳高对专项柔韧性的要求较跳远、三级跳远更高，跳高、撑竿跳高项目不仅需要具有良好的下肢柔韧性，其对躯干的柔韧性要求甚至更为突出，因此，在跳高和撑竿跳高项目中对专项柔韧的训练比重略大于跳远、三级跳远。

（3）短、跨、跳项目专项身体素质训练周期负荷量增减趋势

短、跨项目属于速度性项目，跳跃项目属于快速力量性项目，虽然两类项目属于不同的项群，但两类项目之间却具有相似的特点。从对影响运动成绩的运动员身体主要发力肢体角度分析，两类项目均是下肢快速发力；从能力代谢角度分析，ATP－CP供能均为其主要的能源供应方式；从肌肉收缩形式角度分析，二者均属于拉长—缩短的超等长收缩形式；从神经支配角度分析，虽分别支配不同的肢体运动链，但两类项目均需要神经系统快速地动员运动员各肢体运动单位。除动作结构不同外，主要不同之处在于短、跨项目在运动过程中，并不是尽最大能力以最快速度进行一次性发力，而跳跃项目则是在短时间内发挥最大速度。上述两类运动项目之间所存在的相似性决定了这两类项目在专项身体素质训练周期负荷量和强度的增减趋势安排上基本保持一致的特点。这里我们仅以短跑项目年度周期的身体素质训练趋势图为例，展示短、跨、跳项目专项身体素质训练周期负荷量增减趋势情况（图5－3）。

图5－3中每一个曲线仅表示一种专项素质在年度周期中不同时期的趋势变化，也就是一种专项身体素质在不同时期占这种专项素质最大安排的比率。如专项力量素质用公式表示为：专项力量/最大专项力量；而各个项目专项素质百分比为某种专项素质占总专项身体素质的百分比，如用公式表示专项力量所占百分比为：专项力量×100%/总专项身体素质训练。由于两种比值所表达的含义完全不同，因此，虽然短、跨、跳项目各专项身体素质训练内容占总专项身体素质训练内容比例有所不同，但并不能代表各种专项身体素质训练安排趋势不同。换言之，短、跨、跳项目各专项身体素质训练内容占总专项身体素质训练内容比重虽然有所不

同，但短、跨、跳项目各专项身体素质训练内容的安排趋势完全一致。

由图 5－3 可见，在一般力量训练安排方面，第一准备期的一般准备阶段，一般力量的负荷量安排呈现波浪式上升趋势，且负荷量在这个阶段的安排接近了全年的峰值，尤其在一般准备阶段的后几周。在一般准备阶段，一般力量训练的强度安排也呈现逐渐增强的趋势，但增加幅度较为平缓。第一准备期的专项准备阶段，一般力量训练负荷量的安排呈曲线下降趋势，且下降幅度较大，同时负荷强度则随之逐渐加强。在第一比赛期，一般力量训练的负荷量持续下降，下降幅度较为平缓，在比赛前的几周内几乎不安排一般力量训练内容。在第二准备期一般准备阶段，一般力量训练的负荷量安排呈快速上升趋势，负荷强度则逐渐减小。随后在比赛 2 期，一般力量训练负荷量逐步降低，而负荷强度相对较大。在比赛前几周同样也不安排一般力量训练内容。

在专项力量素质训练安排方面，在第一准备期一般准备阶段，负荷量和负荷强度都相对较小，但总体均呈直线上升趋势。在第一准备期专项准备阶段，专项力量负荷量和强度均呈快速增加趋势（此阶段因一般力量训练的负荷量大幅度下降，总负荷量仍呈下降趋势）。在室内锦标赛前一周左右开始适度降低专项力量素质训练的负荷量，也即赛前减量，减量的方式一般采用“慢指数”减量类型，同时继续保持高强度的专项力量训练负荷。随后，进入第一比赛期，在第一比赛期赛前训练阶段和比赛 1 期的前期，继续适量增加专项力量负荷量和强度，使专项力量素质训练负荷均达到较高水平。比赛 1 期的比赛日前 10 天左右，在保持接近专项力量训练最大负荷强度的前提下，适度降低专项力量训练的负荷量。第二大周期中，专项力量训练的负荷量从一般训练阶段到专项准备阶段，呈逐步上升趋势，且在专项准备阶段结束之前负荷量基本接近最大值。在第二准备期，专项力量训练的负荷强度也稳步提升，上升趋势与负荷量上升趋势基本一致。在第二比赛期赛前训练阶段，专项力量训练负荷继续保持较高水平，比赛 2 期的比赛日前 10 天左右开始逐渐降低专项力量训练的负荷量，在整个第二比赛期中都应保持较高的专项力量训练负荷强度。

在短跑项目的专项速度素质训练安排方面，其年度周期中负荷量安排的变化趋势与专项力量训练安排较为相似，不同之处是在临近比赛约两周的赛前减量阶段。在赛前减量阶段，专项力量赛前减量（负荷量）幅度相对较大，而专项速度训练赛前也会安排减量，训练负荷量虽有所降低，但降低幅度较小。因此，专项力量和专项速度负荷安排趋势的不同主要出现在比赛前的赛前减量阶段。

在专项柔韧和专项耐力训练负荷安排方面，在整个年度周期内，负荷量相对变化不大，在参加比赛前一周适当减少专项柔韧和专项耐力训练的负荷量。同时，在专项耐力素质训练方面，对短跨项目的强度要求相对较高，必须在符合专项要求的高速前提下进行的耐力训练，才属于专项耐力训练，对速度的要求，一般要达到80%以上最大速度。此外，跑、跨项目专项耐力训练在总负荷量安排上明显高于跳跃类项目，这主要是因为专项耐力素质对跑、跨类项目的作用较跳跃类运动项目更大的缘故。

在专项灵敏、协调性素质训练的负荷安排方面，整个年度训练周期内的训练负荷量除赛前减量阶段略有下降外，从准备期开始训练2~3周后直至第二个比赛期结束，均呈现稳中有升的态势。

2. 投掷类项目专项身体素质训练年度周期安排特点

（1）投掷类项目年度训练周期安排基本状况

①投掷类项目赛事安排状况

铅球、标枪、铁饼及链球同属快速力量性投掷类项目，但铅球项目的赛事安排与标枪、铁饼及链球稍微有些不同。表5-7和表5-8分别是2016年度我国铅球和标枪、铁饼、链球项目赛事安排情况。铅球项目全年赛事共11场，其中包括3场室内锦标赛，2场投掷类项群赛，4场大奖赛，1场冠军赛和1场室外锦标赛。标枪、铁饼、链球项目的赛事，除了3场室内锦标赛外，其他赛事与铅球项目赛事相同。

标枪、铁饼、链球项目属于长投项目，无法在空间较小的室内进行比赛，在赛事安排上相对铅球项目少了全国室内锦标赛的3场比赛，因此，铅球项目和标枪、铁饼、链球项目的赛事安排略有不同。但室内锦标赛并不是全年重要的赛事，在比赛性质上属于测试赛或诱导赛，其目的并不是取得最好的成绩，而是为了测试运动员冬训后的竞技状态和训练效果，同时激活运动员机体的运动能力、增强比赛意识、为进一步训练和比赛奠定基础。

无论铅球项目还是标枪、铁饼、链球项目，其全年最重要的比赛均为全国冠军赛和全国室外锦标赛。在训练周期安排结构类型上均为双周期结构类型。因此，这3场室内锦标赛，并不影响整个年度训练周期的整体结构安排，尤其是大周期和中周期结构，甚至小周期结构也仅为适当调整或不调整。对投掷项目教练员进行的调查结果表明，铅球、标枪、铁饼及链球项目在年度周期结构安排上基本一致。

表 5－7　2016 年度我国铅球比赛的赛事统计表

时间	2.28—3.4（1、2）	3.8—3.9（3）	4.6—4.11（1、2）	4.15—4.17	4.21—4.23	5.12—5.14	5.20—5.22	6.18—6.20	9.14—9.17
赛事	室内锦标赛	室内锦标赛	投掷项群赛	大奖赛（1）	大奖赛（2）	大奖赛（3）	大奖赛（4）	冠军赛	锦标赛
地点	江苏南京	陕西西安	四川犀浦	浙江绍兴	江苏淮安	河南郑州	山西太原	重庆	天津

表 5－8　2016 年度我国标枪、铁饼及链球比赛的赛事统计表

时间	4.6—4.11（1、2）	4.15—4.17	4.21—4.23	5.12—5.14	5.20—5.22	6.18—6.20	9.14—9.17
赛事	投掷项群赛	大奖赛（1）	大奖赛（2）	大奖赛（3）	大奖赛（4）	田径冠军赛	田径锦标赛
地点	四川犀浦	浙江绍兴	江苏淮安	河南郑州	山西太原	重庆	天津

②投掷类项目年度训练周期类型的选择

现阶段，我国投掷类项目教练员在年度训练结构安排上主要是选择双周期结构类型，约占被调查对象的 90%，同时选择多周期结构安排模式的投掷教练员占 7%，而只有很少一部分投掷教练员选择单周期结构安排模式。图 5－4 是目前我国高水平投掷类项目教练员年度周期结构安排模式选择比例情况。

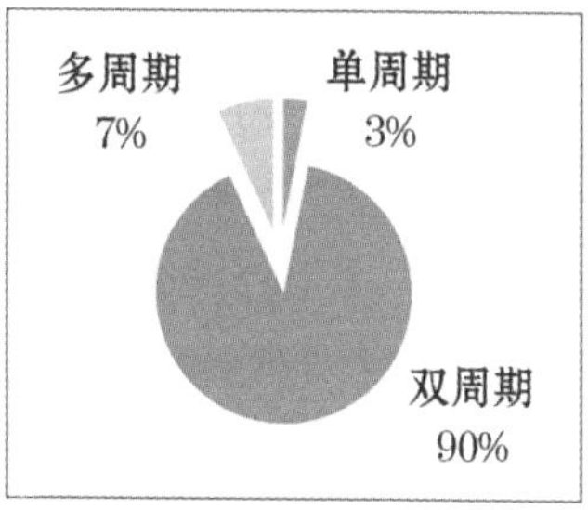

图 5－4　投掷类项目周期类型模式选择比例示意图

③周期阶段划分及其特点

投掷类项目年度赛事安排虽然与短、跨、跳项目有所区别，但年度的重要赛事同样是全国冠军赛和全国室外锦标赛，且年度周期训练结构类型主要采用双周期安排模式，因此，即使运动员在一些次要赛事上参赛选择有所不同，但对整体的训练周期阶段划分并没有太大影响。换言之，在年度周期安排中，大周期、中周期基本与短、跨、跳项目一致，而不同之处仅为若干小周期和训练课安排上可能略有变化。在训练阶段时长安排上，投掷类项目训练周期阶段中的时长安排特点与跑、跨、跳项目基本

一致。因此，投掷类项目的周期阶段划分及具体时间阶段安排，可依据短、跨、跳周期内容，结合投掷类具体项目及运动员自身情况，予以适当调整。此外，周期阶段内负荷量和强度的安排趋势虽然不完全一样，但基本趋势较为接近。我们以铅球项目为例绘制其身体素质年度周期负荷安排趋势图。（图 5 −5）

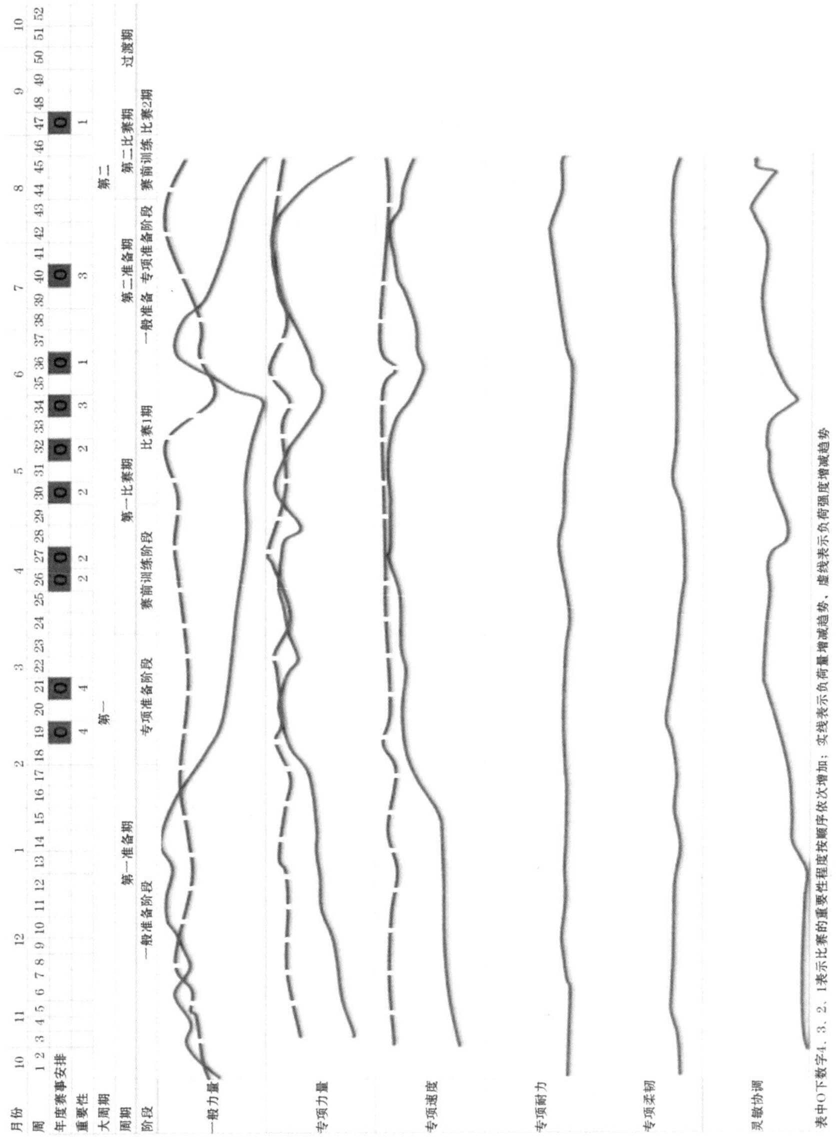

图5−5　田径铅球项目身体素质年度周期负荷安排趋势图

（2）不同周期阶段训练内容比重安排

①投掷类项目年度不同阶段总训练内容比重

表5－9为田径投掷类项目年度各时期训练内容比重情况。在准备期，一般身体素质训练占最大比重，达40%；其次是专项身体素质训练和技术训练，均为30%。比赛期，专项身体素质训练内容明显增加，所占份额也最大。过渡期，80%的训练内容为一般身体素质训练，专项身体素质和技术训练内容仅占很小部分，约为10%。

比赛期，铅球、标枪项目与铁饼、链球项目技术训练的比重有明显区别，这主要是因为铁饼、链球项目技术难度相对较大，对技术的要求也更高，因此需要花费更多的时间进行技术训练，故而其专项技术的训练内容较铅球、标枪更多一些。

表5－9　投掷类项目年度各时期训练内容比重情况（铅球、标枪/链球、铁饼，单位:%）

时期	训练内容		
	一般训练	专项训练	技术训练
准备期	40/40	30/30	30/30
比赛期	20/15	50/45	30/40
过渡期	80/80	10/10	10/10

②投掷类项目年度各时期专项身体素质子训练内容比重

在年度各时期专项身体素质子训练内容的比重方面，田径投掷类项目中铅球、铁饼和链球项目训练比重较为相似。在准备期，铅球、铁饼和链球项目专项身体素质训练中的专项力量训练内容所占比重最大，约为53%，其后依次为专项速度30%，专项灵敏、协调10%，专项柔韧5%，专项耐力2%。

在比赛期，各专项身体素质训练所占比重顺序不变，分别为专项力量48%，专项速度35%，专项灵敏、协调10%，专项柔韧5%，专项耐力2%。但可以明显看出，在比赛期专项速度训练所占比重有所增加，而专项力量训练比重略有减少，原因主要是专项速度才是决定运动成绩的最直接因素，所有的训练都是为了提高最后的出手速度，为了把专项力量的训练效果向专项速度方向转化，因而在比赛期专项速度的比重有所增加。

田径投掷类标枪项目在准备期，其专项素质训练内容比重由大到小排序分别为：专项力量45%，专项速度35%，专项灵敏、协调10%，专项柔韧8%，专项耐力2%。在比赛期，其专项素质训练内容比重由大到小分别为：专项力量42%，专项速度38%，专项灵敏、协调10%，专项柔韧8%，专项耐力2%。（表5－10）

表5－10　投掷类项目准备期和比赛期各专项身体素质训练所占比重情况（%）

时期	项目	各专项身体素质				
		专项力量	专项速度	专项耐力	专项柔韧	专项灵敏、协调
准备期	铅球	53	30	2	5	10
	铁饼	53	30	2	5	10
	链球	53	30	2	5	10
	标枪	45	35	2	8	10
比赛期	铅球	48	35	2	5	10
	铁饼	48	35	2	5	10
	链球	48	35	2	5	10
	标枪	42	38	2	8	10

比较标枪项目准备期和比赛期各专项身体速度训练比重可以发现，在比赛期，专项速度训练比重有所增加，而专项力量训练比重有所减少，原因跟铅球、铁饼、链球一样，都是为了使专项力量向专项速度方向转化，相应增加了专项速度训练内容的比重。

比较标枪项目与铅球、铁饼、链球项目各专项身体素质训练比重可以看出，无论在准备期还是在比赛期，标枪项目其专项速度的训练内容比重均大于铅球、铁饼、链球项目，这可能是因为标枪项目中位移速度对其运动成绩有更大的影响，必须具备较高水平的助跑速度才能取得更好成绩，这样，相对于其他三项投掷项目，标枪项目的专项速度训练比重略高。

此外，标枪项目的专项柔韧素质训练均高于其他三个投掷项目，这是因为标枪项目对上肢及躯干的柔韧性要求更高，柔韧性对运动成绩的作用更大，因此，标枪项目中专项柔韧训练所占的比重略高于其他三个投掷项目。

（3）投掷类项目专项身体素质训练周期负荷量度增减趋势特征

田径投掷类项目主要包括铅球、标枪、铁饼及链球项目，虽然这四个项目同属快速力量性投掷类项目，但因各个项目的肢体发力肌群、肢体发力方向及各身体素质要求均有一定差别，其专项身体素质中每个素质训练内容占总专项身体素质训练内容比重也存在一定区别。但这四种投掷项目在动作结构组成、机体发力性质（快速力量）、训练周期安排类型（双周期）等训练特征上又基本一致，所以在专项身体素质训练中，在相同训练周期阶段内的负荷量度安排与变化趋势上大体保持一致。这里仅以铅球项目年度周期的身体素质训练趋势图为例，展示投掷类项目年度周期身体素质训练负荷趋势。（图 5 –5）

为了突出专项力量与一般力量训练的区别，我们统计了一般力量训练负荷量和强度的变化趋势。

由图 5 –5 可知，对一般力量训练的安排，在第一准备期一般准备阶段，其负荷量呈波浪式上升趋势，负荷强度虽呈稳步上升态势，但此阶段负荷强度始终较小。第一准备期的专项准备阶段，一般力量的负荷量安排呈快速下降趋势，而训练强度大幅度增加。这主要是因为，这段时间的力量素质训练重点已侧重于向发展专项力量素质方向转移，因此，这个阶段专项力量和专项速度的训练内容增加较多，而总的训练量又必须控制在身体承受范围之内，所以一般力量训练内容呈快速下降趋势。在第一比赛期内，同样是因为专项力量和专项速度的训练内容较多，一般力量的训练内容相对较少，而负荷强度要求处于较高水平。在第二准备期的一般准备阶段，因这个阶段时间较短，一般力量训练内容呈快速增加趋势，负荷强度则与之相反，呈快速下降趋势。进入第二准备期的专项准备阶段后，一般力量呈快速下降趋势，而负荷强度又呈快速上升趋势；在第二比赛期，一般力量负荷量呈持续下降趋势，负荷量较小，但负荷强度基本稳定在较高水平。

对专项力量训练的安排，在第一准备期一般准备阶段的前几周，很少安排专项力量训练，在一般准备阶段开始几周后，直至第一准备期的专项准备阶段中期，这个阶段训练量和训练强度总体呈波浪式上升趋势（专项负荷量和强度同时增加，并不影响整体负荷量和强度减小的趋势），且一般遵循训练量和训练强度呈反方向交叉安排规律，即负荷量增加，负荷强度降低，但二者总体呈上升趋势。至第一准备阶段的中后期，专项力量训练量基本稳定在较高水平，直至比赛阶段的赛前减量开始前，专项力量训练量均呈波浪式稳定在这一较高水平；而训练强度从第一准备期的专项准备期后期，直至比赛 1 期结束，均稳定在较高水平，且在临近比赛前几周达到第一大周期峰值。

专项速度训练负荷安排趋势与专项力量较为相似，不同之处主要在赛前减量阶段，专项力量训练量减幅较大，而专项速度训练量减幅较小。

专项耐力和专项柔韧在整个年度周期阶段，负荷内容虽有较小幅度的波动，但总体稳定在一个较小负荷量度的范围内。

专项协调及灵敏素质，其重要性要略强于专项耐力和专项柔韧素质，因此，其训练量略大于专项耐力和专项柔韧素质训练，尤其是接近比赛前阶段，就更加明显，但总体训练量相对专项力量和专项速度训练来说仍占较小训练内容。

3. 耐力性项目专项身体素质训练年度周期安排特点

（1）耐力性项目年度周期安排基本状况

①耐力性中长跑项目赛事安排状况

从 2016 年度中长跑项目赛事安排可以看出，中国田径协会共编排了 11 场主要赛事（表 5 - 11）。在这 11 场比赛中，共有 3 站室内锦标赛，主要安排在 3 月底及 4 月初；从 4 月中旬至 6 月中旬近两个月的时间内，共安排了 6 场赛事，其中包括 4 场全国田径大奖赛，1 场项群赛和 1 场冠军赛，其中，以冠军赛为此阶段最重要的赛事。从这 6 场赛事安排的时间分布来看，各赛事之间时间间隔较为均衡，6 场赛事均匀地分布在两个月内。这种安排依据显然跟中长跑项目的特点有关，中长跑训练中不需要进行大强度力量负荷训练，主要的训练方法为不同形式的跑，且机体能力在一次训练或比赛后几天便可完全恢复，不需要为下次比赛准备相当长的时间；实践证明，中长跑项目采用“以赛代练”的方法对运动成绩的提高更为有利。根据赛事安排及项目特点，从上一年 10 月中旬开始为下一年度做准备，至第二年 6 月中旬的比赛结束，这段时间可以安排一个训练大周期，也可安排两个训练大周期。

在 2016 年下半年赛事安排中，仅有 2 场比赛，包括 1 场项群赛和 1 场全国室外锦标赛。全国室外锦标赛不仅是这个阶段的重要赛事，也是全年最重要的赛事，因此，从6月中下旬至8月下旬，没有其他赛事安排，这段时间是为了全力以赴地备战全国室外锦标赛，因此，在周期阶段安排上明显和上半年不在同一个周期阶段。

表5－11　2016年度我国中长跑比赛赛事安排情况

时间	2.28—3.4 (1、2)	3.8—3.9 (3)	4.15—4.17	4.21—4.23	5.6—5.7	5.12—5.14	5.20—5.22	6.18—6.20	8.24—8.25	9.14—9.17
赛事	室内锦标赛	室内锦标赛	大奖赛(1)	大奖赛(2)	中长跑项赛	大奖赛(3)	大奖赛(4)	冠军赛	中长跑项赛	锦标赛
地点	江苏南京	陕西西安	浙江绍兴	江苏淮安	河南洛阳	河南郑州	山西太原	重庆	四川凉山	天津

②中长跑项目年度周期类型选择

调查表明，我国高水平中长跑教练员在年度训练周期安排上主要以双周期、多周期类型模式为主，其中采用三周期类型模式最多。图5－6是目前我国中长跑项目教练员年度训练周期类型选择情况，从图中可知，约35%的教练员采用双周期类型模式，约52%的教练员采用三周期类型模式，约10%的教练员采用三周期以上类型模式。

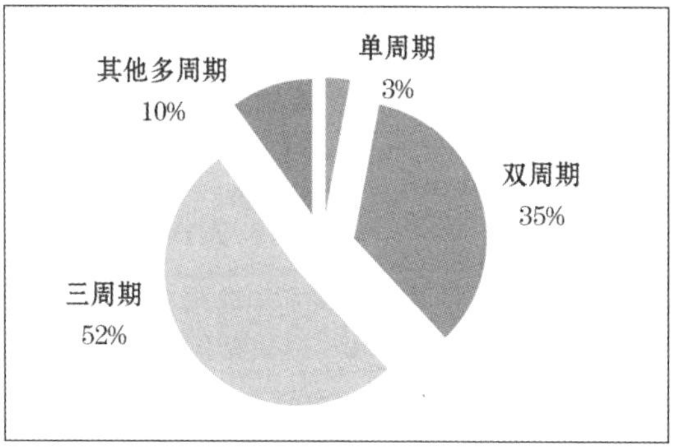

图5－6　中长跑项目年度训练周期类型选择比例示意图

③周期阶段划分及其特点

双周期类型在周期阶段划分上，因年度最重要赛事——室内锦标赛、大奖赛与短、跨、跳及投掷类项目一致，因此，中长跑项目在双周期阶段划分上基本与短、跨、跳及投掷类项目周期阶段划分较为相近，这里就不做过多赘述。我们仅对国内耐力性项目的三周期阶段划分及安排特点进行详细分析探讨。

从中长跑三周期阶段划分情况可以看出，其整个年度主要分为三个大周期，第一大周期时间最长，为 22 周，约 5 个月时间。第二大周期为 15 周，约 3.5 个月。第三大周期为 15 周，约 3.5 个月，时间较短。第二大周期和第三大周期时间基本相同，但较第一大周期短。其中，第一大周期共分为两个时期：为第一准备期和第一比赛期。第一准备期时间较长，为 17 周；第一比赛期时间较短，为 5 周。

第一准备期和第一比赛期又分别分为两个阶段：第一准备期分为一般准备阶段和专项准备阶段。第一准备期一般准备阶段为 12 周，约 3 个月，时间最长；而专项准备阶段约为 5 周；第一比赛期分为赛前训练阶段和比赛 1 期，这两个阶段相对时长较短，赛前训练阶段和比赛 1 期分别为 3 周和 2 周。

第二大周期分为第二准备期和第二比赛期，时长分别为 6 周和 9 周。第二准备期和第二比赛期也同样分为两个阶段：第二准备期也分为一般准备阶段和专项准备阶段，时长均为 3 周；第二比赛期分为赛前训练阶段和比赛 2 期两个阶段，时长分别为 3 周和 6 周。

第三大周期分为第三准备期、第三比赛期和过渡期三个时期，时长分别为 5 周、6 周和 4 周。第三准备期和第三比赛期也分为两个阶段：第三准备期分为一般准备阶段和专项准备阶段，时长分别为 3 周和 2 周；第三比赛期分为赛前训练阶段和比赛 3 期两个阶段，时长均为 3 周。

从中长跑三周期阶段划分特点分析发现，三个大周期中第一个大周期最长，其中第一准备期在全年阶段中占时最长，但第一比赛期在全年阶段中最短；第二大周期准备期较短，但第二大周期中比赛期为三个大周期比赛期的最长阶段；第三大周期总占时在三个大周期内最短。

中长跑项目专项身体素质训练安排基本趋势，见图 5 - 7。

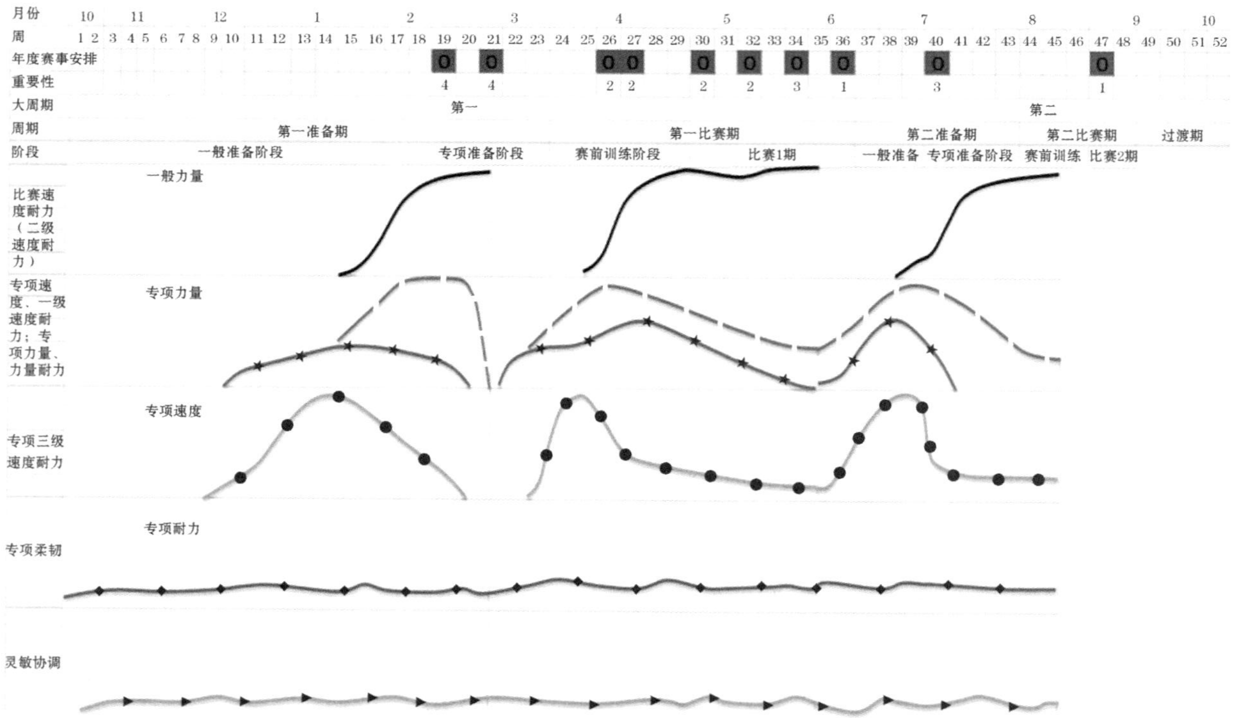

表中O下数字4、3、2、1表示比赛的重要性程度按顺序依次增加；实线表示比赛速度耐力负荷量增减趋势；虚线表示专项速度和一级速度耐力负荷量增减趋势；五角星线条表示专项力量和专项力量耐力负荷量安排趋势；圆圈线条表示三级速度耐力和负荷量安排趋势；菱形线条表示专项柔韧负荷量安排趋势；三角形线条表示专项灵敏协调负荷量安排趋势。

图5-7　中长跑项目专项身体素质年度周期负荷量安排趋势示意图

(2) 中长跑项目不同周期阶段训练内容比重安排

①中长跑项目不同周期阶段总训练内容比重安排

在中长跑项目年度训练内容安排方面（表5－12），准备期专项身体素质训练内容所占比重最大，中跑占总训练的比重的70%，长跑为75%；其后为一般身体素质训练，中跑占总训练比重的25%，长跑为20%；技术训练所占份额最小，中跑和长跑所占训练比重均为总训练内容比重的5%。

在比赛期，专项身体素质训练内容所占比重仍最大，中跑占总训练比重的80%，长跑为85%；其后为一般身体素质训练，中跑占总训练比重的15%，长跑为10%；技术训练所占份额最小，中跑和长跑所占训练比重均为总训练内容比重的5%。

在过渡期，一般身体素质训练内容所占比重最大，中跑和长跑占总训练比重均为50%；其后为专项身体素质训练，中跑占总训练比重的40%，长跑为45%；技术训练仍为最小，其中，中跑技术训练占总训练内容的10%，长跑占5%。

表5－12　中长跑项目年度各时期总训练内容比重情况（中跑/长跑，单位:%）

时期	训练内容		
	一般训练	专项训练	技术训练
准备期	25/20	70/75	5/5
比赛期	15/10	80/85	5/5
过渡期	50/50	40/45	10/5

综上所述，在准备期和比赛期，专项身体素质训练均占据重要训练份额，这主要与项目特点有关。中长跑项目为体能主导类周期性项目，技术相对简单且稳定，在比赛中，一般情况下不会因其他原因而影响技术动作。此外，专项身体素质水平（尤其是专项速度和专项耐力）的高低对运动成绩起决定性作用，因此，训练中主要的训练内容为各种形式跑的练习，故而，在准备期和比赛期，一般身体素质训练和技术训练所占比重相对较小。

过渡期主要训练任务为消除身心疲劳，储备心理能量，为下一个阶段的训练做准备，因此，训练强度较小，主要训练内容为一般身体素质训练。

需要说明的是，中长跑年度各时期训练内容安排上，中跑和长跑的专项身体素质训练内容安排并不完全相同，中跑专项身体素质训练内容所占比重略小于长跑。这是因为，长跑的训练更集中于各种跑的练习，而中跑对力量、灵敏素质要求相对高于长跑。所以，在中跑的一般身体训练中，相对安排了一定比例的一般力量训练、灵敏素质训练，相对降低了跑的各种专项练习内容，因而长跑专项身体素质训练内容比重略高于中跑。

②中长跑项目年度周期阶段专项身体素质子训练内容比重

在中长跑项目年度周期阶段专项身体素质训练内容比重方面，中跑与长跑项目存在一定差异。

在中跑项目准备期各专项身体素质训练内容比重安排方面（表5－13），专项身体素质训练内容所占比重由大到小排列，依次为专项耐力占总专项身体素质训练内容的65%；专项力量和专项速度均为13%；专项灵敏、协调为5%；专项柔韧为4%。

由表5－13可以看出，在比赛期，专项耐力所占中跑各专项身体素质训练内容比重依然最大，约占75%；然后由大到小依次为专项速度10%，专项力量8%，专项灵敏、协调4%，专项柔韧3%。

表5－13　中长跑项目准备期和比赛期各专项身体素质训练所占比重情况（%）

时期	项目	各专项身体素质				
		专项力量	专项速度	专项耐力	专项柔韧	专项灵敏、协调
准备期	中跑	13	13	65	4	5
	长跑	10	12	69	4	5
比赛期	中跑	8	10	75	3	4
	长跑	7	10	76	3	4

长跑项目准备期各专项身体素质训练内容比重由大到小排序，依次为专项耐力所占训练比重最大，占总专项身体素质训练内容的69%；专项速度训练内容约为12%；专项力量训练内容约为10%；专项灵敏、协调为5%；专项柔韧所占比重最小，为4%。

在比赛期，专项耐力所占长跑各专项身体素质训练内容比重依然最大，约占总专项身体素质训练内容的76%；然后由大到小依次为专项速度10%，专项力量7%，专项灵敏、协调4%，专项柔韧3%。

由此可见，中长跑专项身体素质训练无论在准备期还是比赛期，主要训练内容为专项耐力训练，并且在比赛期专项耐力训练内容所占比重比准备期更大。此外，在比赛期，专项力量、专项速度、专项柔韧、专项灵敏协调训练内容比重相对于准备期都有所降低。

同时，我们对专项身体素质重要性所进行的调查也表明，在中长跑各专项身体素质中，专项耐力对运动成绩的影响最大，其后依次为专项速度，专项力量，专项柔韧和专项灵敏、协调。这与实际训练中专项身体素质训练内容的安排基本一致。

（3）中长跑项目专项身体素质训练周期负荷量增减趋势特征

由于中长跑项目专项力量和专项速度训练内容相对较少，专项力量和专项速度训练安排在一次训练课中往往仅占一小部分训练时间，因此，训练中常把专项力量与专项力量耐力安排在一个训练课进行，同时，把专项速度和专项速度耐力安排在一个训练课进行。为了更客观、合理地反映中长跑各专项身体素质训练负荷量安排趋势，在对中长跑各专项身体速度训练负荷量统计时，把专项力量与专项力量耐力、专项速度和专项速度耐力（一级专项速度耐力）训练量一起统计，合并描述。

根据专项速度耐力训练中跑速与跑距的负荷组合不同，可把专项速度耐力分为专项一级速度耐力训练、比赛耐力训练（二级速度耐力训练）和三级速度耐力训练。其中，专项速度训练往往和最快的一级专项速度耐力训练安排在一起。

因此，在描绘专项身体素质训练量的大小趋势图中，分别统计了以下素质或素质组合的训练量：专项力量和专项力量耐力，专项速度和专项一级速度耐力，专项比赛耐力（二级速度耐力），专项三级速度耐力，专项柔韧性，专项灵敏与协调。总体负荷安排基本趋势见图5－7。

在三个大周期中不同专项素质训练负荷量的趋势变化情况如下。

在专项比赛耐力（二级速度耐力）训练负荷安排方面，虽然三个大周期时间长短各不相同，但在每个大周期中对专项比赛耐力（二级速度耐力）负荷量的安排基本一致。在三个大周期中，均是在专项准备的中后期安排专项比赛耐力训练。同时，在开始阶段负荷量较小，随后曲线急速上升，在进入比赛期赛前阶段的中后期接近最大负荷量安排，接着保持接近最大负荷量，并直至比赛结束。

在专项速度和专项一级速度耐力负荷安排方面，在三个大周期中均呈现先增加再减小的趋势，但三个大周期内不同阶段的安排有所不同。在第一大周期，专项速度和专项一级速度耐力负荷量的增加起始于专项准备阶段末期，随后迅速增加其负荷量。进入比赛期后，负荷量接近最大值，并保持高水平负荷量直至赛前1～2周才迅速减量。在第二大周期，训练开始于一般准备阶段末期，其后负荷量逐步增加，至专项准备阶段末接近最大负荷量安排；进入比赛期后逐步减小。在第三大周期，从一般准备阶段开始就进行一定量的安排，随后逐步增加，在专项准备阶段末接近最大负荷量安排，进入比赛期后逐步减少安排。

在专项力量和专项力量耐力训练负荷安排方面，在第一大周期一般准备阶段中后期安排其训练内容，此后，虽负荷量有所增加，但增加幅度很小。在第一大周期专项准备阶段末达到专项力量和专项力量耐力训练负荷的最大值。进入比赛期后逐步减少安排，在赛前减量阶段前停止安排。在第二大周期开始约一周后安排专项力量和专项力量耐力训练内容，随后负荷量逐渐增加，直至专项准备阶段结束达到最大负荷量，而在进入比赛期后开始逐步减少，并在比赛前停止进行这部分训练内容。在第三大周期，从一般准备阶段开始安排专项力量和专项力量耐力训练，随后稳步增加其负荷量，直至一般准备阶段末接近本周期的最大值，随后逐步减少并在专项准备阶段末停止此部分训练内容。

在专项三级速度耐力训练负荷安排方面，在第一大周期一般准备阶段的中后期开始进行专项三级速度耐力训练，负荷量逐步增加，直至专项准备阶段后期接近峰值。进入比赛期后逐步减少专项三级速度耐力训练负荷，并在比赛前1～2周的赛前减量阶段停止安排这部分训练内容。进入第二大周期后，在第二大周期的一般准备阶段中后期开始安排专项三级速度耐力训练内容，随后急速增加其负荷量，并在专项准备阶段前期达到最大值。此后随着专项力量、专项速度、专项力量耐力和一级专项速度耐力训练负荷量的增加，专项三级速度耐力负荷量急速减小，进入比赛期基本停止这部分训练内容。进入第三大周期，在一般准备阶段开始安排专项三级速度耐力训练内容，随后急速增加其训练负荷量，并在专项准备阶段的中期达到最大值，随后其训练负荷量逐步减小，并保持小负荷量训练，直至比赛结束。

在专项柔韧性和专项灵敏与专项协调训练负荷安排方面，在三个大周期中这些训练内容整体安排并不太多，且训练负荷量保持平稳状态。同时，在三个大周期的比赛期这些专项身体素质训练内容的负荷量相对准备期略有减小。

由此可见，在专项身体素质训练的安排中，最先安排进行三级专项速度耐力训练和专项力量、专项力量耐力训练，其中，专项力量、专项力量耐力训练量相对其他专项素质的训练量较小。在三级专项速度耐力训练和专项力量、专项力量耐力训练的基础上，安排一定负荷量的专项速度和专项速度耐力训练，尤其在第一大周期的比赛期安排了大量的专项速度和专项速度耐力训练。在第二和第三大周期的比赛期，专项速度和专项速度耐力训练负荷量并不大。同时，在每个大周期的专项准备阶段末期及整个比赛期都安排了大量的专项比赛耐力训练内容。

第二节　田径运动专项身体素质训练学监控

随着运动训练科学化程度的日趋提升，训练监测和评价越来越受到教练员、运动员及科研人员的高度重视，监测和评价已成为运动训练环节中不可或缺的重要组成部分。

一、有关监控及训练学监控类别

查阅各类汉语词典发现，《辞海》中没有出现监控这个词语，而在《现代汉语词典》（2005 年版）新添加了监控这个词语，将其解释为：“监测和控制。”由此可见，监控这个词语是近期常被运用而出现的新词。有专家认为，监控应包含两层内涵，即监测和控制、调控。概念中既包含了“监测”之意，也包含了“调节控制”之意；既包含了主体对客体进行监测、检查、监督客体的行为过程，又包含了主体根据获得的信息对客体进行调整控制的行为过程，定位较为客观、全面、准确、合理。

有关训练（过程）监控这个词，在 2000 年之前的文献中很少见，《运动训练学词解》（田麦久，2002），曾对训练过程控制进行了解释，认为训练过程控制，即为通过专门的方法和手段，按既定的方向和目的，以及预先确定的工作方式，对运动训练活动进行把握和调节的行为。可以看出，其中的“控制”便是“监控”词语的产生前身，但显然“监控”包含的语义更为广泛。

随着信息论和控制论在运动训练领域的逐步渗透，运动训练监控成为研究的热点问题。有研究认为，“在运动训练过程中，为了确保训练过程的科学化，实现训练目标，以科研人员为主对运动员训练过程实施监测和评定的活动和以教练员为主对运动员训练过程实施调控的活动过程的统一”①。运动训练的监控过程如图 5 –8所示。

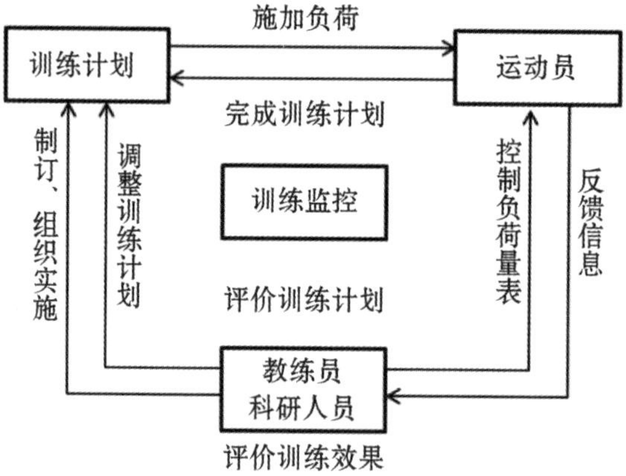

图 5 –8　训练监控过程示意图

关于监控方法的分类，从不同的分析角度可以得出不同的监控方法类别。按照监控对象分类，可以分为人体自身机能（内因）的监控和对外部影响因素（外因）的监控。人体自身的监控可以分为体能、技能、战术及心理能力等监控。外部影响因素主要包括影响训练与比赛正常进行的自然环境、社会环境、运动营养保障、运动医务保障等。

按照不同的学科类别，可分为训练学监控、生理生化监控、形态学监控、心理学监控及营养学监控等。身体形态的监控主要指对表现身体形态特征指标的监

---

① 张大超．运动训练过程监控基本理论体系的构建［J］．武汉体育学院学报，2007（12）：56.

控，主要包括体重、肌肉肥大程度及皮质厚度等。生理生化监控分为生理学监控和生物化学监控，生理学监控指标包括心率、血压、摄氧量、心电图、肌电、脑电、超声心动等。生物化学监控指标包括血糖、血乳酸、血尿素、尿蛋白、血清肌酸激酶、血清睾酮/皮质醇等。训练学监控主要包括运动学和动力学指标监控，运动学监控指标包括：时间、距离、速度、加速度、运动方向、运动频率等。动力学监控指标包括力的冲量、动量、动能、势能等。心理能力监控主要包括注意力、心力、毅力等意志品质指标的监控。营养学监控主要针对身体的营养状况进行监控。

按照监控实施间隔时间长短的不同，可以分为即时监控、日常监控和阶段监控。而按照评价类型的不同，可分为结果监控和过程监控。按监控的测量方法分类可分为实验室测量监控和运动场训练监控。

二、田径运动专项身体素质监控评价作用

田径运动专项身体素质训练过程中进行监控评价的意义和作用主要包括以下几个方面。

（一）为制订训练计划提供依据

高水平田径运动员专项成绩的提高主要取决于专项身体素质的提升幅度，而专项身体素质的提高无不建立在科学合理的训练计划之上。无论在运动训练的哪个阶段，在制订训练计划时，首先都需要对运动员起始身体素质状态进行准确的测量、评定。只有这样，才能充分了解运动员的专项力量、速度、耐力、柔韧、灵敏协调等素质究竟处在一个什么样的水平，然后，才能根据其实际身体素质水平找出各专项身体素质的优势与不足。在保持发展优势专项身体素质的基础上，弥补发展弱势的专项身体素质，同时兼顾各项身体素质发展，使各种专项身体素质水平合理匹配、均衡发展，为建立更科学、合理、高效、完善的训练计划提供依据。

（二）对训练效果进行客观评价，便于及时发现问题，调整具体训练方案

经过一定阶段的训练，对各专项身体素质进行综合客观的分析、评价，根据评价结果，分析总结哪些专项身体素质水平达到了预期结果，哪些没有达到预期结果，检查训练过程中哪些环节出现了问题。检查对象包括训练方法、手段的选取，训练负荷量和强度的安排，训练间歇时间长短的安排，训练后恢复方法手段

的采取等。通过发现问题，对训练方案进行及时调整、修改，进一步完善训练计划。

（三）优化训练方法，准确控制训练负荷，预防运动损伤

运动训练中，负荷量过小，对机体产生的刺激不足，就不可能使训练产生最大的训练效果。而训练量或强度过大，就会使人体产生过度疲劳，甚至会造成运动损伤。因此，在训练过程中通过对某一阶段运动员身体素质指标的对比，结合生理生化指标，判断其训练方法、手段的运用是否得当，运动负荷是否适宜，不仅可以优化训练方法、准确控制训练负荷，而且可以预防运动损伤的发生。

（四）提高运动员主观能动性

运动参训的主要动力来自运动员本身，而运动员参训的积极主动性对运动成绩的增长起着至关重要的作用。然而，以往传统训练模式中，运动员的自我评价基本来自比赛结果的反馈。这种评价的缺点是评价时间长、指标单一，且缺乏具体的数据支撑，剖析不够深入等。通过不同类别的训练监控可为运动员全面展现较详细的有关训练参数量化图，同时通过对各专项身体素质的阶段性评价，及时反馈训练信息，使运动员了解自己专项身体素质指标的变化情况，坚定信心，从而提高运动员运动训练的主观能动性。

三、田径运动专项身体素质监控评价方法

专项身体素质训练属于体能训练范畴，而所谓“体能”主要由身体形态、身体机能和身体素质构成。体能训练中对身体形态的监控评价多采用形态学指标监控的方法，包括体重、肌肉肥大程度及皮质厚度等。身体机能的监控评价多采用生理生化指标监控的方法，其中，生理学监控指标包括心率、血压、摄氧量、心电图、肌电、脑电、超声心动等。生物化学监控指标包括血糖、血乳酸、血尿素、尿蛋白、血清肌酸激酶、血清睾酮/皮质醇等。身体素质的监控评价多采用运动学和动力学指标监控的方法，其中，运动学监控指标包括时间、距离、速度、加速度、运动方向、运动频率等。动力学监控指标包括力的冲量、动量、动能、势能等。专项身体素质训练是身体素质训练的重要组成部分，所以，在对田径运动员专项身体素质进行监控时，可以在尽可能符合专项机理特征的条件下，采用身体素质监控评价的方法。

专项身体素质包括专项力量、专项速度、专项耐力、专项柔韧、专项灵敏和

协调素质。在训练过程中，对专项力量、专项速度、专项柔韧、专项灵敏和协调素质的监控评价，常采用训练学指标——时间、距离、速度、运动频率和动力学监控指标——力的冲量、动量、动能、势能予以监控评价，即运用训练学手段进行监控评价。而对专项耐力监控评价，在理论上既可采用训练学监控评价手段，也可采用生理、生化监控评价手段。

以下介绍田径运动专项身体素质的训练学监控评价方法。

随着现代科学技术水平的提高，高新科技成果不断涌现，许多现代化的监测方法、手段被运用到运动训练监测评价之中。之前不易检测的指标变得简洁而便利，之前检测不准确的指标变得越来越精准。然而尽管如此，在对田径各项目运动员专项身体素质进行监控评价时，应尽可能地符合专项的发力机制特点，具体包括专项的内隐性机制——神经支配结构特点、能量代谢特点、肌肉收缩形式特点和外显性机制——运动学和动力学特点。在满足专项发力机制特点的前提下所检测的专项身体素质数据才能准确反映运动员专项身体素质发展水平。

同时，目前在田径运动专项身体素质监测过程中并不是每个专项身体素质指标都有专门的监测方法和手段，有时对其检测常常是通过对与这些专项身体素质有一定相关且对运动成绩起主导作用的另一种专项素质进行检测，并间接反映出来。如在训练实践中并没有针对中长跑、竞走项目的专门专项力量检测手段，针对中长跑、竞走项目的专项力量，常常以检测与专项力量素质相关、对运动成绩起主导作用的专项力量耐力素质来反映专项力量素质的综合能力。

（一）速度性项目专项身体素质监控评价方法

田径运动中速度性项目主要包括 100 米、200 米、400 米跑，100 米栏和 110 米栏等项目，其专项身体素质中专项力量主要表现为快速力量；专项速度表现为专项的反应速度、动作速度和位移速度；专项耐力表现为专项力量耐力和专项速度耐力。通过文献检索及专家访谈，我们归纳总结了此类项目的专项身体素质训练学监控评价方法，具体见表 5－14。

其中，在专项力量中的快速力量的评定中，主要的评价指标包括快速力量指数、肌肉力量能力阈（冲量）和立定跳远等内容。其中，快速力量指数为力量的极值/达到力量极值的时间。肌肉力量能力阈（冲量）是指负荷重量与运动速度的乘积。具体测试方法：在特制的力量测试装置上，运动员全力蹬（推或拉）起杠铃（4 次），负荷重量的递增量为 10 千克，取每次测试重量 3 次较好成绩的平均值绘制成力量能力曲线，其最高点为此运动员的“最大力量能力阈”，与之相对应的重量被称为“最大阈值重量”，运动员所测得的“最大阈值重量”越高，则其快速力量能力越好①。

在专项耐力评价中，力量耐力指数是指练习阻力 × 重复次数。同时，用平均肌肉力量能力阈测定专项力量耐力，具体方法：以“最大阈值重量”作为测试的负重重量，要求运动员在保证运动幅度的前提下以尽可能快的速度完成练习，通过专门的测力装置采集每一次练习的冲量值，计算平均冲量和冲量的下降率②，可以用此方法评价运动员专项力量耐力发展水平。

表 5 – 14　速度性项目素质指标训练学监控评价方法一览表

素质类型	具体素质	检测指标
专项力量	快速力量	立定跳远；30 米起跑计时③；快速力量指数、肌肉力量能力阈
专项速度	反应速度	起跑反应时
	动作速度	单位时间重复完成专项单个动作次数；完成专项动作的平均速度
	位移速度	专项短距离跑计时
专项耐力	力量耐力	单位时间内重复完成比赛模仿动作次数；力量耐力指数④；肌肉力量能力阈
	速度耐力	长于专项距离的跑、跨计时
专项柔韧		测量专项动作各关节活动的最大幅度
专项灵敏、协调		象限跳、滑步倒跑、十字变向跑

① 陈小平．竞技运动训练实践发展的理论思考［M］．北京：人民体育出版社，2008：121.
② 同①：121.
③ 田麦久．运动训练学［M］．北京：人民体育出版社，2000：96.
④ 同③：199.

（二）快速力量性项目专项身体素质监控评价方法

快速力量性项目主要包括快速力量性跳跃类项目和快速力量性投掷类项目两大类。快速力量性跳跃类项目，由于各专项技术动作不同，其专项力量监控评价的方法也有一定的区别，有些检测方法可以为跳跃类项目共同使用（但具体的检测身体部位应结合专项的动作结构形式），有些检测方法则完全不同。如对跳跃类项目专项力量检测均可运用快速力量指数和肌肉力量能力阈的方法来测定，而对跳高运动员的专项力量检测还可运用测量弧线助跑单脚垂直起跳高度；跳远的检测方法可运用测量立定跳远；三级跳远采用立定三级跳等指标。具体评价方法见表5－15。

表5－15　跳跃类项目专项身体素质指标训练学监控评价方法一览表

素质类型及项目		具体素质	检测指标
专项力量	跳高	快速力量	弧线助跑单脚垂直起跳高度；快速力量指数；肌肉力量能力阈
	跳远	快速力量	立定跳远；快速力量指数；肌肉力量能力阈
	三级跳远	快速力量	立定三级跳远；快速力量指数；肌肉力量能力阈
	撑竿跳高	快速力量	快速力量指数；肌肉力量能力阈
专项速度		动作速度	起跳速度（身体重心速度）；单位时间重复完成专项单个动作次数
		位移速度	专项短距离跑计时
专项耐力		力量耐力	力量耐力指数；肌肉力量能力阈
		速度耐力	速度耐力指数★；折返跑计时
专项柔韧			测量专项动作各关节活动的最大幅度
专项灵敏、协调			象限跳、滑步倒跑、十字变向跑

★速度耐力指数＝平均速度/最大速度

在投掷类项目专项身体素质评价中，针对专项力量素质主要运用测量快速力量进行评价。对专项速度素质的评价主要测量动作速度和位移速度。对专项耐力素质的评价则主要测量力量耐力和速度耐力。具体的监控评价方法如表 5－16 所示。

表 5－16　投掷类项目专项身体素质指标训练学监控评价方法一览表

素质类型	具体素质	检测指标
专项力量	快速力量	快速力量指数；肌肉力量能力阈
专项速度	动作速度	出手速度；单位时间重复专项完成单个动作次数
	位移速度	专项短距离跑计时
专项耐力	力量耐力	力量耐力指数；肌肉力量能力阈
	速度耐力	速度耐力指数；折返跑计时
专项柔韧		测量专项动作各关节活动的最大幅度
专项灵敏、协调		象限跳、滑步倒跑、十字变向跑

（三）耐力性中长跑、竞走项目专项身体素质监控评价方法

在中长跑、竞走项目的运动训练实践中，很少有对此类项目运动员专项力量进行专门的检测指标，而常常通过对与专项力量素质密切相关且对运动成绩起更关键作用的专项力量耐力素质指标进行测量，以此来反映专项力量素质的综合能力。具体专项身体素质监控评价方法如表 5－17 所示。

表5－17　耐力性中长跑、竞走项目专项身体素质指标训练学监控评价方法一览表

素质类型	具体素质	检测指标
专项力量		多采用专项力量耐力检测方法反映专项力量素质综合能力
专项速度	动作速度	单位时间重复完成专项单个动作次数
	位移速度	中长距离跑、竞走计时
专项耐力	力量耐力	力量耐力指数
	速度耐力	速度耐力指数
专项柔韧		测量专项动作各关节活动的最大幅度
专项灵敏、协调		象限跳（竞走不采用）、滑步倒跑、十字变向跑、竞走

参考文献

书籍及论文

［1］体育词典编委委员会．体育词典［M］．上海：上海辞书出版社，1984.

［2］教材编写组．身体素质训练法［M］．北京：人民体育出版社，1999.

［3］刘爱杰．耐力性竞速项目专项运动素质的整合［D］．北京：北京体育大学，2001.

［4］王瑞元．运动生理学［M］．北京：人民体育出版社，2012.

［5］田麦久．运动训练学［M］．北京：人民体育出版社，2000.

［6］王保成．田径运动理论创新探索［M］．北京：北京体育大学出版社，2003.

［7］陈小平．竞技运动训练实践发展的理论思考［M］．北京：北京体育大学出版社，2008.

［8］杨世勇．体能训练［M］．北京：人民体育出版社，2012.

［9］文超．田径运动高级教程［M］．北京：人民体育出版社，2003.

［10］吕季东．专项力量测量的理论与方法［D］．上海：上海体育学院，2002.

［11］赵佳．我国高水平网球运动员力量训练理论与实践［D］．北京：北京体育大学，2009.

［12］林岭．现代运动训练新理念、新方法［M］．北京：北京体育大学出版社，2013.

［13］郑晓鸿．高水平运动员年度周期的项群特征［D］．北京：北京体育大学，2003.

［14］尹小光．对我国优秀划艇运动员体能训练体系的研究［D］．北京：北京体育大学，2010.

［15］B. C. 鲁宾．奥运会训练周期及年度训练周期［M］．詹建国，译．北京：北京体育大学出版社，2012.

［16］李山．田径运动全年大周期力量训练分期理论研究［D］．北京：北京体育大学，2005.

［17］部义峰．女子足球运动员体能训练体系的理论与实证［D］．北京：北京体育大学，2012.

［18］詹建国．跨栏跑：现代跨栏跑技术与训练［M］．北京：北京体育大学出版社，2004.

［19］孙南．现代田径训练高级教程［M］．北京：北京体育大学出版社，2010.

[20] 中国田径协会．中国青少年田径教学训练大纲[M]．北京:北京体育大学出版社,2009.

[21] 杰·西尔维斯特．投掷项目全书[M]．孙欢,译．北京:人民体育出版社,2012.

[22] 田径教研室教材编写组．田径运动[M]．北京:北京体育学院出版社,1990.

[23] 山崎祐司．铁饼投掷[M]．李鸿江,等译．北京:人民体育出版社,2001.

[24] 孙守正．跳高[M]．北京:人民体育出版社,1996.

[25] 李鸿江．三级跳远[M]．北京:人民体育出版社,2000.

[26] 冈进野．跳远·三级跳远[M]．李鸿江,等译．北京:人民体育出版社,2001.

[27] 胡祖荣．撑竿跳高[M]．北京:人民体育出版社,1984.

[28] 李岳峰．现代标枪技术与教学训练[M]．长沙:中南大学出版社,2002.

[29] 刘大庆．运动训练学研究进展与理论探蹊[M]．北京:北京体育大学出版社,2013.

[30] 田麦久．论运动训练计划[M]．北京:北京体育大学出版社,2000.

[31] 图德·邦帕,格雷里·哈夫．周期－运动训练理论与方法[M]．李少丹,等译．北京:北京体育大学出版社,2011.

[32] 王志强．我国男子 20 km 竞走选手陈定、王镇伦敦奥运会赛前高原训练研究[D]．北京:北京体育大学,2013.

[33] 李笋南．体能训练原理与实践[M]．北京:北京体育大学出版社,2012.

[34] 王卫星．体能训练理论与实践[M]．北京:高等教育出版社,2012.

[35] 王卫星．高水平运动员体能训练的新方法[M]．北京:北京体育大学出版社,2013.

[36] 田麦久．高水平竞技选手的科学训练与成功参赛[M]．北京:人民体育出版社,2014.

[37] 袁运平．短跑运动员体能训练理论与方法[M]．北京:北京体育大学出版社,2006.

[38] 列·巴·马特维耶夫．体育理论与方法[M]．姚颂平,译．北京:北京体育大学出版社,1994.

[39] 弗拉基米尔·尼古拉耶维奇·普拉托诺夫．奥林匹克运动员训练的理论与方法[M]．黄签名,等译．天津:天津大学出版社,2014:353.

期　刊

[1] 田野,王清,冯连世,等．优秀运动员运动训练科学监控与竞技状态调整[J]．体育科学,2008(9):3－11.

[2] 骆建．短跑运动力量提高属性及训练原则[J]．成都体育学院学报,2001(2):69－73.

[3] 王保成,王川,周志雄．对我国短跑运动专项力量训练的思考与建议[J]．首都体育学院学报,2005(4):39－41.

[4] 龙斌．训练学视角下短跑运动员力量训练的思考[J]．武汉体育学院学报,2010(9):88－

91.

[5] 张昌言,周曰卿. 短跑运动员最大力量和速度力量的训练特征及方法[J]. 北京体育大学学报,2002(3):425 - 427.

[6] 李山. 短跑运动员专项力量分期训练研究[J]. 沈阳体育学院学报,2007(2):1 - 3.

[7] 洪涛,张增惠,刘明刚. 髋受力下肢技术力量训练法对青少年短跑运动员运动技术和关键专项力量影响的研究[J]. 北京体育大学学报,2004(2):214 - 216.

[8] 张智强,林秋生. 试谈现代短跑运动员的专项力量训练[J]. 科技信息,2008(28):525 - 526.

[9] 王志强,郭强,肖建国,等. 对短跑专项力量特点及其部分专门力量练习的分析研究[J]. 体育科学,1999(3):48 - 51.

[10] 王川,张勇,徐国营,等. 短跑运动员专项力量练习的设计与选择[J]. 中国体育科技,1999(10):8 - 9,12.

[11] 龙耀波,王献升. 浅析三级跳远运动员的速度和力量训练[J]. 攀枝花学院学报,2010(3):94 - 97.

[12] 纪有仁. 浅谈初中三级跳远运动员的力量训练[J]. 扬州教育学院学报,2012(4):84 - 86.

[13] 谢慧松,周铁民,葛蕴. 撑竿跳高运动员助跑速度与其成绩的关系研究[J]. 山东体育科技,2007(3):1 - 3.

[14] 葛蕴,沈兆喆. 高水平撑竿跳高运动员专项速度训练模式研究[J]. 山东体育学院学报,2010(7):60 - 62.

[15] 王天军. 中长跑运动员耐力素质训练手段的优选与应用研究[J]. 新疆大学学报(自然科学版),1996(2):85 - 89.

[16] 丛林,朱静华. 如何发展中长跑运动员的专项耐力[J]. 田径,2006(9):6 - 7.

[17] 王兆丽. 青少年中长跑运动员专项耐力训练研究[J]. 漯河职业技术学院学报,2011(5):133 - 135.

[18] 姚勤春. 对中长跑运动员耐力训练方法的探讨[J]. 成功(教育),2013(2):263.

[19] 阚宏军. 中长跑训练应该掌握的几种必要条件[J]. 运动,2014(5):50 - 51.

[20] 董衍江. 中长跑发展耐力素质练习时要注意的事项[J]. 田径,2015(6):4 - 5.

[21] 梁和记. 中长跑的速度耐力训练初探[J]. 中小企业管理与科技(下旬刊),2011(1):152 - 153.

[22] 李锐,等. 抓好速度耐力,突出强度,提高密度——高校中长跑训练方式之谈[J]. 成都理工大学学报,2011(3):76 - 79.

[23] 马永红. 现代中长跑运动员的基础训练——力量耐力[J]. 辽宁体育科技,2002(1):7-10.

[24] 郦伟荣. 青少年中长跑运动员力量耐力训练方法的研究[J]. 运动,2012(19):32-34.

[25] 姜丽. 对提高中长跑运动员速度素质的思考[J]. 沈阳体育学院学报,1995(1):45-47,58.

[26] 王立成,庄丽杰. 对少年中长跑运动员速度能力训练的探索[J]. 中国体育科技,1999(6):25-27.

[27] 贾昌志,王志勤,刘建立. 优秀中长跑运动员的速度特点及其训练[J]. 首都体育学院学报,2002(3):52-54.

[28] 许应荣. 中长跑运动员的速度训练[J]. 浙江体育科学,2005(1):63-65.

[29] 潘胜泉. 中长跑速度训练方法之研究[J]. 山西师大体育学院学报,2006(S1):113-115.

[30] 梁和记. 中长跑运动员的专项速度能力及其发展[J]. 中国科技财富,2011(3):151-152.

[31] 张杰. 中长跑运动员速度训练方法与手段探析[J]. 体育研究与教育,2012(2):116-118.

[32] 武桂新,刘献国,睢鑫. 中长跑运动员的力量训练分析[J]. 河南师范大学学报(自然科学版),1998(4):82-85.

[33] 何少盈. 中长跑运动员力量训练八要[J]. 田径,1999(10):17-18.

[34] 阮宜杰. 中长跑专项力量训练方法的研究[J]. 体育科技文献通报,2007(9):9-10.

[35] 丛林,朱静华. 中长跑运动员的力量训练[J]. 田径,2009(5):6-7.

[36] 李山,王林. 中长跑运动员全年力量训练分期研究[J]. 山西师大体育学院学报,2007(3):107-110,113.

[37] 马晓鸿. 中长跑运动项目的专项力量训练[J]. 田径,2013(7):46-47.

[38] 杨明. 国家竞走青年队冬训训练负荷特点研究[J]. 成都体育学院学报,2015(1).

[39] 高阳. 少年竞走运动员基础训练阶段的身体素质训练[J]. 哈尔滨体育学院学报,2014(2):81-83.

[40] 王保成. 对短跑技术和专项力量概念的再认识[J]. 田径,1995(3):14-17.

[41] 厉国玉. 短跑后蹬技术特点与短跑专项力量[J]. 浙江体育科学. 1996(3).

[42] 陈起倪. 中学生短跑运动员专项力量及其训练[J]. 福建体育科技,1997(4):31-33.

[43] 王健. 短跑摆动技术分析与力量训练[J]. 咸宁学院学报,2005(6):117-120,142.

[44] 侯勇,张海龙. 我国优秀竞走运动员王浩基础训练的个案研究[J]. 运动. 2009(9).

[45] 张铁军. 快速力量发展方法原理探析[J]. 四川体育科学,2006(3):95-98.

[46] 延峰等. 对"专项"含义的诠释[J]. 北京体育师范学院学报,1999(1):40-43.

[47] 马明彩. 对我国优秀铁饼运动员专项力量训练方法和手段的研究[J]. 北京体育大学学报,2001(1).

[48] 李登光,韩永玺. 对三级跳远运动员专项速度训练的探讨[J]. 安徽体育科技,2008(3):34-36.

[49] 余长青,郑富强. 中、外优秀女子三级跳远运动员助跑步长与速度研究[J]. 中国体育科技,2012(2):20-24,78.

[50] 邹庆华,方玉皎. 跳远专项力量及其训练[J]. 辽宁体育科技,2002(1):11.

[51] 朱振杰. 跳远踏跳专项力量特征及其训练方法[J]. 武汉体育学院学报,2003(6):83-84,93.

[52] 龙跃玉. 男子跳远运动员起跳力量训练方法的生物力学分析[J]. 上海体育学院学报,2008(2):76-82.

[53] 邓春林. 浅析跳远运动员的专项力量训练[J]. 田径,2010(8):22-24.

[54] 龙跃玉,周文耀. 三级跳远运动员下肢专项力量训练中应注意的几个问题[J]. 中国体育教练员,2001(1):24-25,47-48.

[55] 彭中东. 速度在三级跳远中的重要作用[J]. 武汉体育学院学报,2005(8):119-121.

[56] 申存生. 青少年短跑运动员专项力量训练特征分析[J]. 西安体育学院学报,2008(3):102-105.

[57] 张大超. 运动训练过程监控基本理论体系的构建[J]. 武汉体育学院学报,2007(12):53-65.

[58] 许月云. 短跑运动员专项力量训练新途径[J]. 山东体育学院学报,2001(3):50-51.

[59] 陈野,谭燕秋,姜迪,等. 增强髋关节力量的重要性——优秀女子短跑运动员秦旺萍的训练启示[J]. 山东体育学院学报,2007(2):92-94.

[60] 陈起倪. 中学生短跑运动员专项力量及其训练[J]. 福建体育科技,1997(4):31-33.

[61] 王忠勇,仲姗. 我国短跑运动员专项力量训练的研究综述[J]. 山西体育科技,2012(4):24-28.

[62] 倪菊萍. 论短跑运动的专项力量训练[J]. 长春教育学院学报,2008(4):65-67.

[63] 宋立平. 对短跑运动员力量训练方法的探讨[J]. 太原城市职业技术学院学报,2004(4):113-114.

[64] 黄希斌. 短跑运动员专项力量训练的新思路[J]. 闽江学院学报,2008(5):129-132.

[65] 徐茂典,王保成. 现代短跑技术与短跑运动员的专项力量训练[J]. 贵州体育科技,1995

(4):3－8.

[66] 谢伟. 从影响跑速的因素分析我国男子 100 米跑成绩滞后原因[J]. 体育科技,2008(2):38－39.

[67] 陈树华. 少年短跑运动员的力量训练[J]. 南京体育学院学报,2000(4):151－152.

[68] 周永奇,吴兆红,赵海波. 短跑专项力量训练方法研究[J]. 山西师大体育学院学报,2002(2):54－56,59.

[69] 王保成. 对短跑技术和专项力量概念的再认识[J]. 田径,1995(3):14－17.

[70] 林芹芳. 短跑运动员力量训练方法与手段探析[J]. 山东体育学院学报,2003(4):62－64.

[71] 林宗德. 青少年短跑运动员力量训练探索[J]. 浙江纺织服装职业技术学院学报,2010(2):85－89.

[72] 赵琦. 我国高水平短跑运动员技术与力量训练的理论缺失[J]. 沈阳体育学院学报,2013(6):97－100.

[73] 余维立. 关于我国短跑运动力量训练问题的思考[J]. 体育科研,1995(3):1－6.

[74] 冯敦寿. 田径专项速度的训练方法(部分项目)[J]. 体育科研,1992(S1):27－61,101.

[75] 卢竞荣,郑永华,俞世军. 对少年短跑运动员速度训练的探讨[J]. 首都体育学院学报,2008(4):125－128.

[76] 谢慧松. 对专项速度的研究[J]. 北京体育大学学报,2003(2):277－279.

[77] 冯敦寿. 我国短跑速度与速度耐力现状分析[J]. 上海体育科技资料,1979(1):5－10.

[78] 汪孝训. 浅谈少年短跑运动员速度耐力训练[J]. 辽宁体育科技,1982(3):28－29.

[79] 冯振仁. 适宜的强度——提高短跑速度耐力的重要因素[J]. 体育科技,1995(2):3－4.

[80] 胡巍. 试论短跑的速度耐力训练[J]. 田径,2012(10):17－18.

[81] 高士顺,高金红. 加强青少年短跑运动员柔韧素质训练[J]. 田径,1998(2):33－34.

[82] 庄茂花,刘宇刚. 试论柔韧素质对提高儿少运动员短跑速度的作用[J]. 哈尔滨体育学院学报,1999(3):40－42.

[83] 刘丽. 浅析柔韧素质对短跑运动员的重要作用[J]. 科教文汇(下旬刊),2012(2):145－146.

[84] 周铁军. 论跨栏专项力量训练[J]. 武汉体育学院学报,1994(1):88.

[85] 郭素华. 谈跨栏跑专项力量训练[J]. 四川体育科学,1994(4):19,14.

[86] 胡静萍. 跨栏跑运动员的专项力量训练[J]. 田径,2007(9):16－17.

[87] 丛林,朱静华. 浅谈跨栏运动员的力量训练[J]. 田径,2009(11):20－21.

[88] 周斌. 青少年跨栏运动员摆动腿专项力量训练[J]. 中国体育教练员,2015(1):33－35.

[89] 刘少威,何淑娟,蒋凯. 女子400米栏运动员宋英兰的力量训练[J]. 山西师大体育学院学报,1999(2):50－52.

[90] 高汉明. 女子400米栏运动员专项力量训练[J]. 田径,2012(4):38－41.

[91] 於鹏,张铭. 400米跨栏跑的技术特点与专项力量训练方法[J]. 当代体育科技,2012(21):21－22.

[92] 陈超英,马立军,杨光. 跨栏跑的专项速度及其训练[J]. 田径,1995(1):15－17.

[93] 戴勇. 世界优秀跨栏运动员全程速度变化分析[J]. 田径,2002(10):40－41.

[94] 徐勤儿. 中外优秀110米跨栏跑运动员速度特征分析[J]. 西安体育学院学报,2007(6):90－92.

[95] 徐云保. 跨栏跑速度训练的几个特点[J]. 中国体育教练员,2009(4):49－50.

[96] 江有宏. 少年运动员跨栏跑的专项速度及其训练[J]. 安徽体育科技,2010(3):44－46.

[97] 尚沛沛. 跨栏跑专项速度素质训练研究[J]. 科技资讯,2012(4):244.

[98] 蔡立华. 110米跨栏跑速度提升的技术特点研究[J]. 当代体育科技,2015(7):41－42.

[99] 张胜华. 跨栏跑的耐力问题[J]. 四川体育科学学报,1986(2):52－54,47.

[100] 柳百敏. 发展跨栏跑专项耐力的几种有效手段[J]. 体育科研,1982(7):27.

[101] 吴成禄. 评定跨栏运动员的专项耐力对运动成绩的影响[J]. 宁德师专学报(自然科学版),2002(1):84－86.

[102] 陈纪阳. 跨栏跑项目的特点与发展专项耐力的几种训练手段[J]. 福建师大福清分校学报,2000(2):94－95.

[103] 陈琛. 110米栏中速度耐力在后半程中的重要性及训练方法[J]. 湖北体育科技,2009(3):317－318.

[104] 黄步东,郑忠波. 浅谈400米栏的耐力训练[J]. 体育科技,1999(S1):43－44.

[105] 孙有平. 对我国部分优秀链球运动员身体素质的探讨[J]. 北京体育大学学报,1997(4).

[106] 曹镕,李仙友. 专项力量训练是掌握技术和提高成绩的基础——铅球技术教学法探讨[J]. 成都体育学院学报,1991(1):67－71.

[107] 阚福林. 以力量为基础 以速度为核心——铅球训练的体会[J]. 中国体育教练员,1994(1):11－13.

[108] 王保成,周志雄. 铅球最后用力的理论与训练[J]. 体育与科学,2000(2):39－42.

[109] 任平社,庄希琛. 不同力量训练手段对推铅球技术与成绩影响的实验研究[J]. 北京体育大学学报,2007(2):276－278.

[110] 李光辉,冷晓春,张册. 小肌群训练对铅球运动员技术影响的实验研究[J]. 北京体育

大学学报,2009(10):129－131,134.

［111］魏瑾琴,刘生杰．铅球运动员专项力量分期训练研究［J］．山西师大体育学院学报,2011(3):93－96.

［112］朱静．铅球运动项目核心力量训练方法的研究［J］．宁波教育学院学报,2012(6):80－82,87.

［113］阚福林,李祖林,魏星．发展我国高水平女子铅球运动员专项速度的探讨［J］．体育科学,1992(3):27－31,93.

［114］任文君,张斌,张斌南．对我国优秀女子铅球运动员推铅球技术速度节奏的研究［J］．体育与科学,1998(2):29－33,50.

［115］李坚,丁群．中国优秀女子运动员推铅球速度特征发现与分析［J］．天津体育学院学报,1999(2):43－46.

［116］肖林鹏．我国优秀女子铅球运动员背向滑步推铅球技术动作速度节奏的特征与模式研究［J］．天津体育学院学报,2002(1):30－32.

［117］林伟良．铅球技术训练中速度节奏的培养［J］．田径,2005(8):42－44.

［118］白光斌,龚锐,李梅菊．背向滑步推铅球技术动作的速度节奏分析［J］．山东体育学院学报,2007(5):94－95,106.

［119］张瞻铭,王倩．男子铅球旋转技术最后用力阶段的身体重心速度与铅球速度分析［J］．体育学刊,2013(4):116－119.

［120］于学清,马克寿．标枪运动员力量训练的手段和方法［J］．山东体育科技,1998(3):15－16.

［121］于勇．标枪运动员力量训练的方法研究［J］．燕山大学学报,2002(4):316－318.

［122］张春梅．标枪运动员的力量训练［J］．新疆师范大学学报(自然科学版),2007(1):89－91.

［123］崔建．论标枪运动员的力量素质训练［J］．田径,2007(11):4－5.

［124］王清,倪偓,蒋启飞．标枪最后用力阶段影响力量传递的因素［J］．体育世界(学术版),2011(4):87－88.

［125］路永才,李秀云,路国华．速度—节奏在投掷标枪中的作用［J］．田径,1996(5):20－22.

［126］康利则．我国优秀女子标枪运动员助跑速度的测试与分析［J］．西安体育学院学报,1999(1):56－59.

［127］周全富．掷标枪中动作速度的作用及训练模式的探讨［J］．西安体育学院学报,2001(3):55－57.

［128］王林．关于标枪出手速度的效果测度灰色关联分析［J］．湖北体育科技，2001（4）：17－18，20．

［129］周二三．论速度变化对标枪成绩的影响［J］．广州大学学报（社会科学版），2002（6）：88－90．

［130］彭志军，陈志萍．青少年男子标枪运动员助跑速度的实验研究［J］．北京体育大学学报，2006（4）：565－567．

［131］陈国平．标枪运动员专项速度训练模式研究［J］．西安体育学院学报，2008（5）：100－102，107．

［132］董盐海．如何发展男子少年铁饼运动员的专项力量［J］．上海体育学院学报，1984（4）：18－21．

［133］袁永清，王振发．铁饼运动员的力量训练［J］．哈尔滨体育学院学报，1990（3）：54－55．

［134］何艳华，郃春祥．铁饼运动员的力量训练［J］．吉林体育学院学报，1993（4）：29－32．

［135］林德华．动作速度定量控制在女子铁饼运动员快速力量训练中的应用研究［J］．广州体育学院学报，2003（5）：61－63．

［136］张邦恒，徐韶阳．中外优秀男子铁饼运动员赛前训练计划及其专项力量指标的比较研究［J］．西安体育学院学报，2010（6）：747－750，764．

［137］崔加秀．从力学原理试探掷铁饼的旋转速度［J］．武汉体育学院学报，1963（5）：41－44．

［138］崔嘉宾．提高投掷铁饼初速度的生物力学依据［J］．中国体育科技，1984（32）：19－23．

［139］李建臣，肖涛．我国优秀女子铁饼选手旋转阶段肩髋饼速度变化的三维运动学特征［J］．广州体育学院学报，2003（5）：69－70．

［140］张良．我国优秀女子铁饼运动员最后用力阶段速度变化对成绩影响的相关分析［J］．山东体育学院学报，2009（2）：78－80．

［141］王锋，游江波．我国优秀女子铁饼运动员最后用力阶段肩、髋速度变化特征分析［J］．山东体育学院学报，2009（10）：80－82，90．

［142］王新坤，崔朋涛．优秀男子铁饼运动员掷铁饼最后用力阶段非投掷臂速度变化的运动学分析［J］．沈阳体育学院学报，2010（2）：92－94．

［143］史鸿范．跳高运动员力量训练初探［J］．体育科学，1987（1）：29－32，95．

［144］赵泽群．背越式跳高力量素质构成研究［J］．北京体育大学学报，2002（6）：862－864．

［145］王德平，赵连甲．现代背越式跳高专项力量训练手段的优化集成及对训练效果的实践研究——刍议现代背越式跳高专项力量训练理念［J］．体育科学，2003（1）：57－61．

［146］苏斌．背越式跳高起跳专项力量训练原则［J］．田径，2005（8）：44－46．

[147] 王清,唐礼. 中国跳远运动员助跑速度的研究[J]. 体育科学,1986(4):27－31,9.

[148] 侯日信,侯金云. 助跑——决定跳远成绩的最重要因素[J]. 田径,1996(3):12－15.

[149] 李静山,武妮,董保美. 对跳远助跑速度理论的探讨[J]. 成都体育学院学报,1997(2):16－19.

[150] 王东亚. 我国优秀男子跳远运动员平跑速度对跳远成绩影响因素的研究[J]. 北京体育大学学报,2005(8):1149－1150.

[151] 李嘉慧. 跳远运动员速度训练的内容及方法[J]. 广东教育学院学报,2010(3):99－102.

[152] 李秀云,路永才. 三级跳远速度—力量训练的重要性[J]. 田径,1997(5):19－22.

[153] 郭元奇,郑红军,罗一青. 三级跳远专门力量训练[J]. 田径,2001(3):31.

[154] 余丁友. 高水平三级跳远运动员的力量与速度训练探析[J]. 浙江体育科学,2004(2):49－51,58.

[155] 邓卫权. 三级跳远运动员速度—节奏问题探析[J]. 华东交通大学学报,2004(6):160－163.